北京市少年科学院“小院士”课题评选

“小院士”·环境保护篇

——北京市少年科学院项目展示

王　喆　杨海燕/编

中国环境出版集团·北京

图书在版编目（CIP）数据

小院士：环境保护篇：北京市少年科学院项目展示/王喆，杨海燕编．—北京：中国环境出版集团，2020.7

（北京市少年科学院“小院士”课题评选）

ISBN 978-7-5111-4374-7

Ⅰ．①小…　Ⅱ．①王…②杨…　Ⅲ．①环境教育—活动课程—中小学—教学参考资料　Ⅳ．①G634.983

中国版本图书馆 CIP 数据核字（2020）第 135681 号

出 版 人　武德凯
责任编辑　殷玉婷
责任校对　任　丽
封面设计　宋　瑞

出版发行　中国环境出版集团
（100062　北京市东城区广渠门内大街 16 号）
网　　址：http://www.cesp.com.cn
电子邮箱：bjgl@cesp.com.cn
联系电话：010-67112765（编辑管理部）
发行热线：010-67125803，010-67113405（传真）

印　　刷　北京建宏印刷有限公司
经　　销　各地新华书店
版　　次　2020 年 7 月第 1 版
印　　次　2020 年 7 月第 1 次印刷
开　　本　787×960　1/16
印　　张　9
字　　数　166 千字
定　　价　30.00 元

编 委 会

编委会主任

徐　艳　戴卫红

首席科学家

丁　琛　中国科学教育促进会秘书长。毕业于中国科技大学应用化学系，英国南安普顿大学管理学硕士，先后在中国科学院生态环境研究中心、科学技术部、英国驻华大使馆、中国科学院培训中心工作，在国际科技合作和科教融合领域有多年工作经验。连续 7 年组织共超过 500 名中小学生参加极地科考，完成科研论文 200 余篇，获得国内外青少年科技大赛奖项 100 多项。

赵　琦　首都师范大学教授、博导。先后在高校任教 30 年。在中国科学院植物研究所从事科研工作 10 年。曾获山西省科技进步二等奖、国防科工委科学进步优秀奖。

编委会成员（按姓氏笔画排序）

马志洪　王冉冉　兰　静　毕正勇　李晓葵　周又红

屈　源　郭建华

主　审

周又红　高　颖

本书供稿人（按姓氏笔画排序）

马　栋　王　喆　王文智　王朝全　田春华　兰尧丰　刘　佳

刘昶黎　刘容均　闫莹莹　杨海燕　吴金燕　张　亚　张奕朗

陈轩逸　陈明昊　陈稼霖　范　彬　卓小利　罗娟辉　岳　颖

赵　溪　郝予轩　郝予涵　段似彧　侯　越　顾　晨　高　颖

唐近豪　谢昶安　甄　奕　翟　琨　黎　刚

策划与支持

北京市西城区科学技术协会

北京市西城区教育委员会

中国科学教育促进会

北京市西城区青少年科学技术馆

周又红名师工作室

序

由中国少年科学院主办的“小院士”课题研究评选活动，旨在引导青少年主动发现问题、研究问题，并探究如何运用科学知识解决问题。注重发挥青少年的主体作用，为其构建一种开放的学习环境，提供将所学知识加以综合应用和实践的机会。“小院士”课题研究活动每年一届，在每年下半年适时举办，吸引了一批年龄在 7～18 岁，品学兼优、热爱科学、勇于创新的青少年科技爱好者积极参与其中，在日常的学习和生活中细心观察、发现问题、大胆探索，以探索性研究、创意项目、科学小发明及小制作等方式呈现他们的研究成果。

2013 年，在全国少工委、中国少年科学院的指导下，北京市少年科学院成立，并举办了首届北京市少年科学院“小院士”课题研究评选活动，每年一届，至 2018 年已经连续举办了六届。六年来，在北京少年科学院、西城区教委的大力支持下，北京市西城区青少年科学技术馆和“周又红名师工作室”负责组织、承办北京地区“小院士”课题研究活动（以下简称北京“小院士”活动），面向全市中小学生，以培养青少年的科学知识与技能、科学精神与态度、科学方法与能力、科学行为与习惯为目的主旨，为学生搭建了一个科学研究交流分享的平台。2013—2018 年中，累计收到全市十余个区县的课题研究 1 万余项，其中向全国推送优秀课题研究近 800 项，获“全国十佳小院士”称号的共 9 人次。

作为北京“小院士”活动的组织者，我们不仅关注学生项目的评审环节，更关注将教师的指导经验、优秀的研究案例进行推广，以便带动更多的学生参与到活动中来。我们先后出版了《教师指导手册》《学生实践手册》《“小院士”成长札记》《细节决定成败》等多本书籍，从教师如何指导、学生如何实践、再到方案如何设计，逐年积累经验、进行总结。今年，我们聚焦于选题，在整理往年万余项学生课题研究项目时发现，以环保为主题的课题研究数量逐年增加，在整体项目中也占有较高的比例。于是我们重点对近年来学生在环境科学领域所开展的研究活动进行了梳理，整理了北京“小院士”活动中环保选题研究的基本路径，给出了从生活中发现环保选题的思路，列出了科学收集环境证据的常用方法，并选择了九篇环保主题优秀研究项目，从科学探究、社会调查、工程技术、创意设计共 4 个类别角度与广大读者进行分享。

本书在编写过程中，得到了中国科学教育促进会、“周又红名师工作室”与中国少年科学院北京地区组委会各位专家的支持，得到了入选本书案例的小作者及辅导老师们的支持，在此一并感谢。

编　者

2019 年 11 月 28 日

目　录

第一部分

“小院士”活动选题分布情况简述

1.1 “小院士”活动概况

“小院士”课题研究评选是中国少年科学院的品牌活动之一，以培养青少年勇于上进、追求卓越的人生态度，提高青少年发现问题、提出问题、进而解决问题的能力为目标；以青少年在学习和日常生活中发现并加以研究的各种课题或创意项目、小发明的设计与制作等为内容。

在全国少工委、中国少年科学院的指导下，在北京少年科学院、西城区教委的大力支持下，北京市西城区青少年科学技术馆和“周又红名师工作室”负责组织、承办北京地区“小院士”课题研究活动（以下简称北京“小院士”活动），已形成了规范的活动流程（具体见附录1～附录3）。按年龄分设小学低年级组、小学高年级组、初中组和高中组四个组别，并按项目内容分为发明创造、科学探究、社会调查、创意设计四个研究方向。

1.2 近年来“小院士”活动优秀项目选题分布情况

自2013年至2018年，北京“小院士”活动已成功举办六届，累计收到全市十余个区县的课题研究1万余项，其中向全国推送优秀课题研究近800项，获“全国十佳小院士”称号的共9人次。

在整理近年来北京“小院士”活动案例的过程中，我们发现，学生们的研究领域非常广泛，有关注行为与社会科学的（史镜琪，《常见四类快餐营养成分及均衡状况的调查研究》，2014；此段举例均选自获“北京市十佳小院士”称号小作者的项目），有探究生命科学（智泽玥、万一非，《研究使用厨余环保酵素对三种太空植物生长的影响》，2016）或物质科学主题的（石路平，《洁面膏中的塑料微珠及其可降解替代物探究》，2017），还有在技术方面进行改造和创新的（刘子萌，《半自动宠物狗厕所》，2017）；同时也可以明显感到，无论是哪个研究领域，学生们绝大多数的课题研究都在关注身边生活中的问题，上文提到的快餐、厨余环保酵素、洁面膏、宠物等课题均能印证这一点。

环保主题一直都是备受关注的选题方向。早在2011年北京地区学生第一次参与全国“小院士”称号评选时，赴昆山代表队的13名同学的选题中就有不少与环保主题相关的研究课题。这一传统一直被很好地保持着，统观近五年北京“小院士”活动的优秀项目（即获“北京少年科学院小院士”称号的项目，在北京“小院士”活动中获得一等奖的项目，下同），不难发现与环保主题相关的课题研究项目占有较高比例。

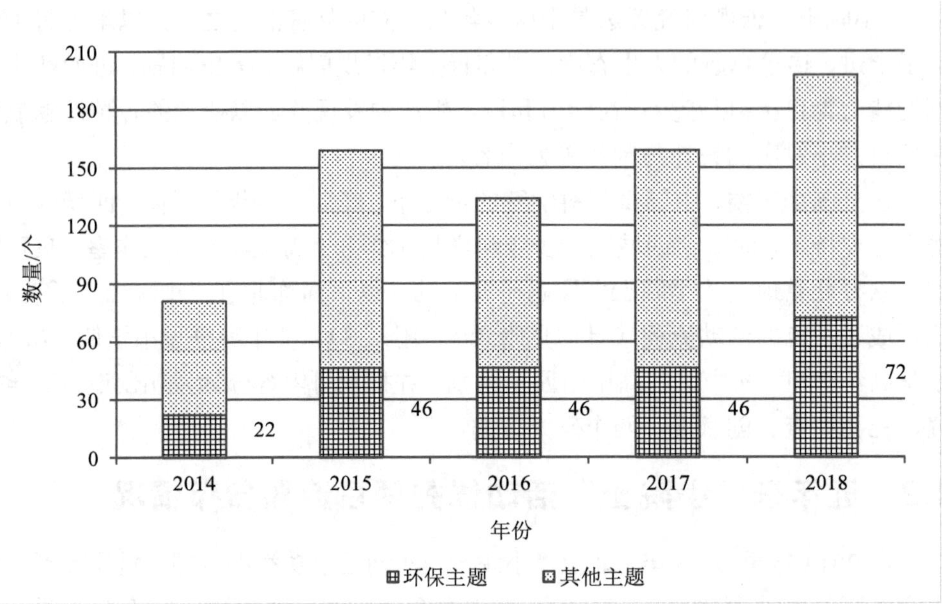

图 1.2.1　近年来北京“小院士”活动优秀项目中环保主题数量及占比情况

小学高年级组和初中组一直是北京“小院士”活动中最活跃的中坚力量，以这两个组别近五年的优秀项目为例，2014—2018 年的连续五年时间内，以环保为主题的课题研究项目的数量和占比都在逐年上升。到 2018 年，小学高年级组中以环保为研究内容的有 48 项，在该组别共计 111 项优秀作品中占 43%；初中组以环保为研究内容的项目有 15 项，占该组别共 31 个项目的 48%。这近一半的比例相当令人惊叹，同时明显体现出北京地区的中小学生对环保的日益关注，也充分说明了北京“小院士”活动的评委们对关注环保选题的课题研究及其现实意义的认可。

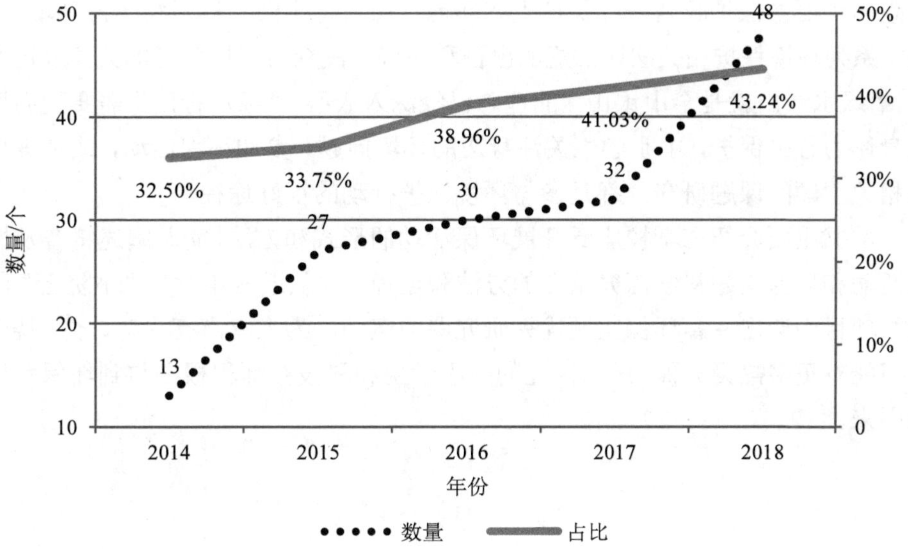

图 1.2.2　2014—2018 年小学高年级组环保主题项目数量及占比变化趋势

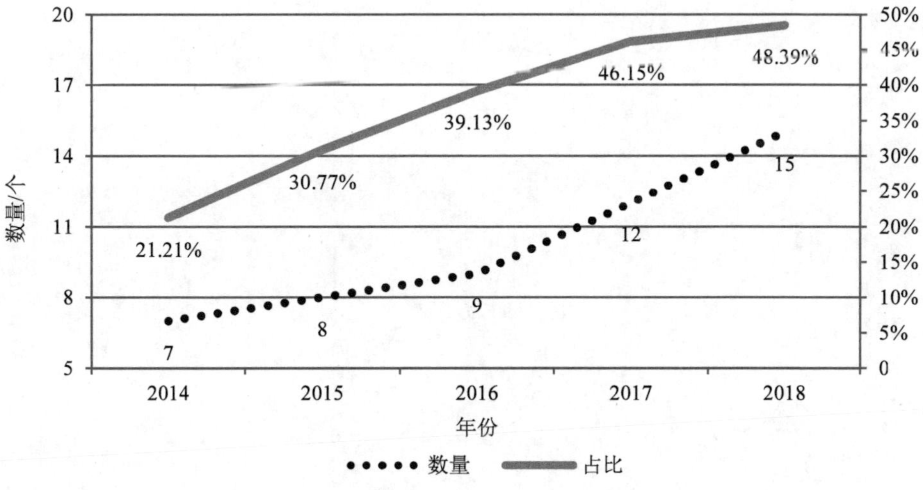

图 1.2.3　2014—2018 年初中组环保主题项目数量及占比变化趋势

随着国家对生态环境问题的日益重视，特别是党的十八大以来，习近平总书记强调“要像保护眼睛一样保护生态环境，像对待生命一样对待生态环境”，以及一系列环境保护相关法律法规的出台和完善，民众对环境问题的关注度逐渐提升，“绿水青山就是金山银山”的理念已经深入人心。“绿水青山”需要我们每个人身体力行去保护，中小学生关注身边的环境问题、参加环保活动，或是进行环保相关主题的课题研究，都是参与环境保护行动的很好途径。

本书主要介绍在学校广泛开展环保活动的形式和方法，简单阐述将普及性环保活动和环保主题科学探究结合的方法和途径，并从近两年北京“小院士”活动优秀项目中选出 9 篇环保主题优秀研究课题案例，为大家点亮火花、开阔思路；希望能有更多热爱环保、乐于探究的中小学生和科技教师积极参与到环保科技活动中来。

第二部分

打开“小院士”环保科学探索之门

2.1　引导中小学生参与多样的环保活动

“环保”全称环境保护，指人类为解决现实的或潜在的环境问题，协调人类与环境的关系，保护人类生存环境，保障社会经济的持续发展而采取的各种行动的总称；其方法和手段有工程技术的、行政管理的、创新研发的，也有法律的、经济的、宣传教育的等。

在经济飞速发展的同时，环境保护的理念已经越来越被人们所认同，世界各国的政府、企业、民间机构、个人都有了一个共同的认识：环境问题是关系到人类生存发展的重大问题，绿色环保是社会良性发展的基础。

每个时代我们都面临着和这个时代社会发展密切相关的环境问题，其中有很多甚至直接影响我们生活。如何在保证正常生产与生活的同时控制污染、保护生态、美化环境，不仅是党和国家要面对的重大问题，也是值得我们每个人思考的事情。

要践行环保的理念，既要有思想上的认识，也要有行动的手段。近年来，我国已经开展了广泛的环境教育工作：为有效实施环境教育，教育部在基础教育新课程的各相关学科内容的设计中都渗透了环境教育，同时将环境教育作为一个跨学科的主题纳入中小学综合实践活动课程，于2003年研制并印发了《中小学环境教育实施指南（试行）》和《中小学生环境教育专题教育大纲》，将环境教育从学科渗透上升为专题教育，进一步提升了环境教育的地位；环保部、中宣部、中央文明办、教育部、共青团中央、全国妇联六部门于2016年联合发布了《全国环境宣传教育工作纲要（2016—2020）》，对“十三五”时期全国环境宣传教育工作进行了全面部署，提出“培养中小学生保护生态环境的意识”要求，积极倡导人与自然和谐相处，推动生态文明理念融入学校教育、家庭教育和社会教育；《中国学生发展核心素养》中的社会参与——责任担当条目中，也明确提出学生应“热爱并尊重自然，具有绿色生活方式和可持续发展理念及行动”。

另外，环保产业已经逐渐完善和优化，以环保为主题的科学探索、技术研究和环保设备的推广使用都得到了全社会的支持。新技术、新设备为生态环境保护注入了强心剂。

在生活中真正践行环境保护，还需要有理性的态度和科学的方法。一直以来社会上存在着一些所谓的“环保主义者”，思想偏激、行为极端，主张人类放弃所有的科学技术，回归原始社会的生活状态，以达到“环保”的终极目标，这是不现实的。

我们应该做的是在发展和环保之间找到一个平衡点，使环境不再恶化；要利用新的科学技术，做到既保护、恢复了美好的环境，又促进了社会发展。这就需要用丰富的知识、扎实的行动以及科学的态度、探究的精神，一代一代地努力实践。这种良性的发展需要传承和发扬。作为教师，应该引导学生科学认识环境与生活的关系，树立正确的环保理念，学习环境知识，思考环境问题，勇于提出解决环境问题的方法或思路，参与到各种环保实践活动中。

在环保理念被广泛认同和环境教育日趋繁荣的大背景下，各地学校都开展了多种多样的环保活动——有借助“世界水日”（3 月 22 日）、“世界地球日”（4 月 22 日）、“生物多样性日”（5 月 22 日）和“世界环境日”（6 月 5 日）等重要环保主题节日做宣传教育活动的；有参观节水展馆、污水处理厂或垃圾处理场等进行实践学习的；还有参与植物种植观察、小动物饲养、植树造林、环境打扫、社区环保宣传、环保读书会、环保情景剧等形式多样的环保活动的。

这些环保活动参与人数多、影响大，起到了很好的宣传教育效果。中小学生参与到这些环保活动中，在一定程度上拓展了视野、增长了知识、掌握了环保窍门和方法，更重要的是初步形成了参与环保的意识，引导他们在生活中真正践行绿色环保。这时教师就可以采用科学探究的方式把环保活动开展得更加深入细致，引导学生发现自己身边生活中的环境问题，用调查、实验等科学方法去解决问题，再将成果分享给更多学生。根据多年的活动经验，我们将常见的环保活动分为 11 个类型，并以水主题为例做简单说明，见表 2.1.1、图 2.1.1。

表 2.1.1　常见环保活动类型（以水主题为例）

环保活动类型	内容	活动项目
1. 参观型	实地参观与环境、环保相关的博物馆、展览馆、工厂等	科普展馆，如北京市节水展馆； 工厂，如高碑店污水处理厂； 人文博物馆，如郭守敬纪念馆
2. 观影型	观看与环境、环保相关的电影或纪录片	纪录片，如《海洋》《水问》； 科普动画片，如《小水滴漫游记》
3. 读书型	有组织的阅读相关书籍，写读后感并集体分享	知识型，如《水知识读本》； 方法型，如《把雨水带回家》； 人文型，如《水乡北京》
4. 表演型	排演环境、环保主题的歌舞、舞台剧、话剧等	如图 2.1.1 A 所示
5. 讲座型	邀请专家教师为学生提供环境、环保相关主题讲座	如图 2.1.1 B 所示

环保活动类型	内容	活动项目
6. 实验型	教师演示实验，学生互动参观；学生亲自参与简单实验的操作	透水砖的特性、水的过滤与简易净化、水滴硬币等
7. 倡议宣讲型	召开环境、环保主题班会，组织环保绘画比赛等，在校园、社区等进行宣传	如图 2.1.1 C 所示
8. 制作绘画型	收集废旧物品、进行变废为宝的环保制作，绘制环境、环保主题的图画等	如图 2.1.1 D 所示
9. 调查型	针对生活中遇到的环境问题开展走访调查	北京市南城水硬度调查活动
10. 考察型	前往科考基地或保护地等做较长期环境考察	北京市北护城河水质监测考察活动
11. 探究型	以解决问题、得出结论为目的的探究活动，常使用到实验法	

A 表演型——北京市西城区小学生
在“善水呢喃”中表演舞蹈

B 讲座型——周又红老师为学生
做水科普讲座

C 倡议宣讲型——北京市西城外国语学校召开节水宣讲会

D 制作绘画型——部分优秀善水绘画作品

图 2.1.1 “善水行动”中部分常见环保活动类型照片

注：善水行动是北京市西城区青少年科学技术馆于 2012 年面向全市中小学生开展的年度性水主题环境教育活动。

参观型、观影型、读书型、表演型、讲座型、实验型、倡议宣讲型和制作绘画型可合并称为一般性环保活动，调查型、考察型和探究型可合并称为科学探究式环保活动。两者相对比则可看出：一般性环保活动的活动参与性更高，往往体现在参与人数更多（可多至数百人）、普及性突出；而科学探究式环保活动每一项参与人数少（往往为1～3人）、更突出个性化，但活动的教育效果更丰富、更显著（表2.1.2）。科学探究是获取科学知识的主要途径，将环保活动和科学探究相结合、开展环保课题研究，使学生们在寻找证据的过程中了解环境现状、获得保护环境的知识和方法，运用创造性思维和逻辑思维解决真实的环境问题，并通过评价、展示交流等方式将成果分享给更多的人，在达成共识的过程中带动更多人行为的改变（图2.1.2）。

表2.1.2 常见环保活动效果分析

环保活动类型	参与人数	活动效果		
		知识	方法	行为
1. 参观型	★★★★★	★★★☆☆	★★☆☆☆	★★☆☆☆
2. 观影型	★★★★★	★★★☆☆	★☆☆☆☆	★☆☆☆☆
3. 读书型	★★★★☆	★★★☆☆	★★★☆☆	★★☆☆☆
4. 表演型	★★★★☆	★☆☆☆☆	☆☆☆☆☆	★★☆☆☆
5. 讲座型	★★★★★	★★★☆☆	★★★☆☆	★★★☆☆
6. 实验型	★★★☆☆	★★★☆☆	★★★☆☆	★☆☆☆☆
7. 倡议宣讲型	★★★★★	★☆☆☆☆	★★★★☆	★★☆☆☆
8. 制作绘画型	★★☆☆☆	★★☆☆☆	★★★☆☆	★★★★☆
9. 调查型	★★☆☆☆	★★★☆☆	★★★★☆	★★★☆☆
10. 考察型	★★☆☆☆	★★★☆☆	★★★★☆	★★★★☆
11. 探究型	★☆☆☆☆	★★★★★	★★★★★	★★★★★

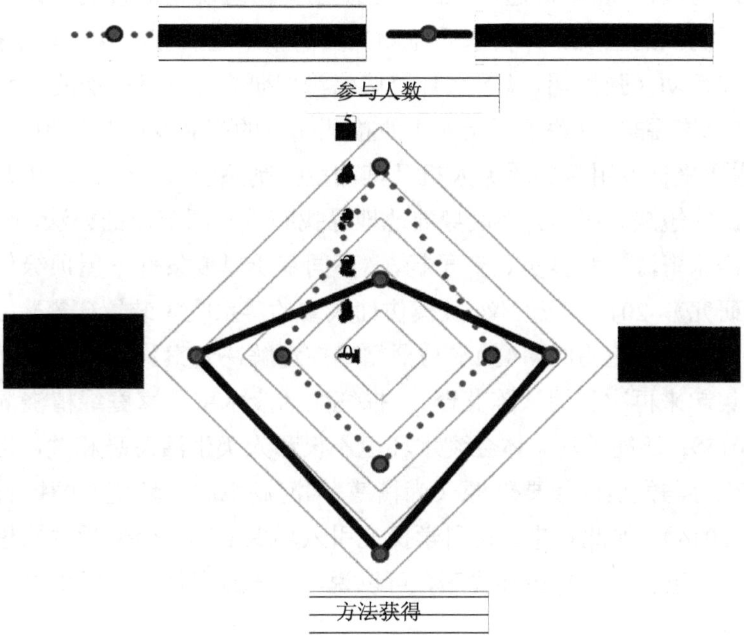

图 2.1.2　常见环保活动类型的效果比较

同样以水为例，一般的环保活动能引导中小学生意识到节水护水的重要性，知道在生活中要“关紧水龙头，节约每一滴水”和“减少水污染，爱护水环境”。而开展更为细致深入的科学探究后，学生能根据自己家里的具体用水情况找到更适合的个性化节水方案（谢之楠，《家庭用水调查及节水试验研究》，2014），会知道在家采用怎样的洗碗方式更加节水（王子烨，《北京市居民洗碗方式调查及节水效果实验研究》，2015），还设计出家庭适用的漏水报警器让隐蔽的水浪费现形（王梓铭，《家庭小卫士漏水报警器》，2018），在水龙头上增设节水装置让“节约每一滴水”不再只是一句空话（王鑫荣，《自来水龙头附加节水装置（洗涤）》，2017）；学生们通过调查身边水体的水质情况（郭润松、赵承烨、李善珽，《雾灵山北麓头道河水质检测报告》，2018；谢文，《潮白河顺义城区段水质调查与研究》，2015），对自己生活区域的水环境有更直观、更科学的认识，有改善现状的意愿（杜博远、杜博洋、武岳，《利用水循环改善陶然亭水质的研究》，2015），进行有针对性的思考反思自己的用水行为（胡昱坤，《潮白河水系密云水库上下游水质分析及环境影响因素研究》，2016），并尝试从自身视角给出建议（余詠昕、刘慷然、左与非，《北京市通州区部分黑臭水体治理现状调查及建议》，2018），在感受水质测试的重要和体会水质监测人员的艰辛之后有改善现有采样、监测设备的意愿和行动（张霖珺，《下水管道堵塞治理研究——可移动的下水管道机器人》，2018；毕雯皓，《关于“无人水质检测船”的产品发明与研制》，2017；熊亚馨，《水质采样专用多旋翼无人机及其测量控制系统》，2016）；在亲眼见识到北京水资源的短缺状况后，会设身处地地寻找有效开源节流的办法，收集一切能收集的洁净水资源（张良昊、王子杨，《不同基质厚度条件下屋顶绿化对雨水的滞留影响研究》，2017；伍彦仪，《模仿仙人掌的雾水收集装置研究》，2016），不愿再浪费一滴水（王霄旸，《抽水马桶精确控水解决方案》，2014），并努力将生活污水收集起来再次利用（陈艾奇，《探究生活废水用于家庭绿植浇灌的可行性研究》，2015）；还能关注、体会到水环境不仅和人类生活息息相关，也是自然中其他物种生存与发展的重要资源（尚楷博，《河湖水质、环境对蜻蜓种类和数量的影响》，2014）。如此看来，将科学探究引入环保活动，会使学生的思考更加深入和发散，效果和收获也更加显著，可以说，科学探究是中小学生参与环保行动的最佳方式。

科学探究是人们在研究各类科学特别是自然科学问题时所采取的方法，其提出问题、猜想架设、实验验证、不断完善的步骤完全适用于目前环境问题的相关研究。用科学探究的方式进行环保活动，能使学生深入获取环保知识，对环境问题有更加全面直观的认识（图 2.1.3）。

在开展科学探究活动的过程中，可以鼓励中小学生将各个学科与环境建立联系，围绕环境问题设计研究方案，通过收集和分析信息获取证据，经过推理得出结论，并通过有效表达与他人交流自己的探究结果和观点；也可运用工程技术的方法，进行发明创造，解决生活中的环境问题。

开展一次环保主题的科学研究，可以将对环境问题的一次简单接触变成更深入的关注；而随着研究的进行和开展，文献查找、实地调查、对比实验会积累大量的数据和资料，这对全面、客观、真实、量化地认识环境问题有极大的帮助；在这样的基础上，能提出更可行、有效的方案，即便不能在短期内完美地解决问题，研究者做出的尝试也会为进一步的研究积累经验，比纸上谈兵更有意义。

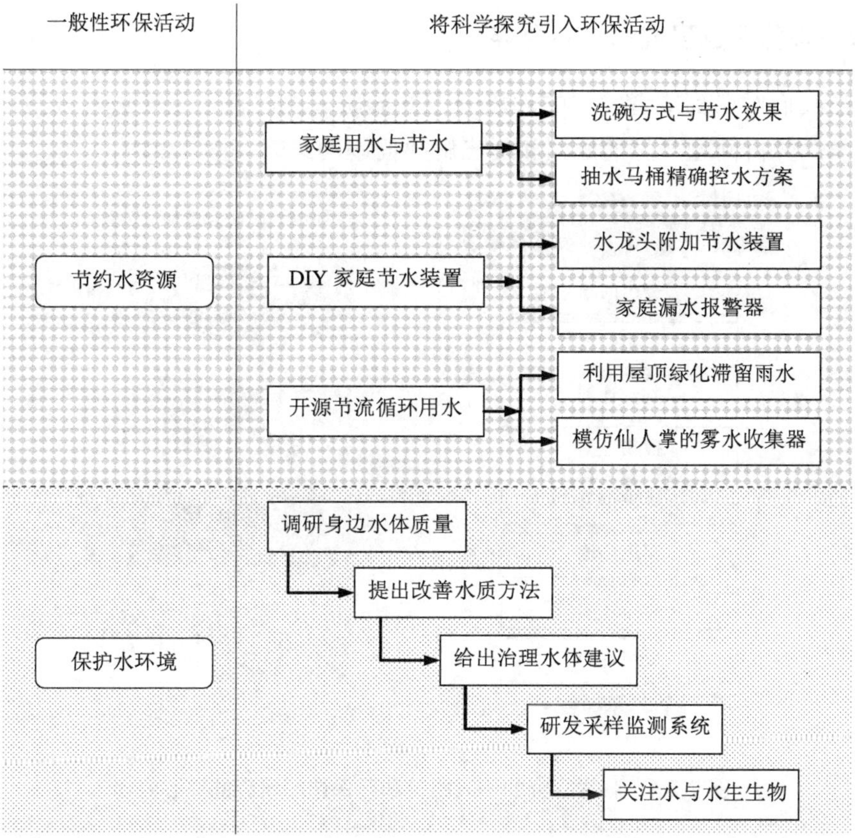

图 2.1.3　一般性环保活动和科学探究式环保活动的效果对比（以水为例）

注：一般性活动没有给出子类别，但科学类有子类别。

2.2　如何确定环保选题并展开研究

2.2.1　“小院士”课题研究的基本路径

教育部在《义务教育小学科学课程标准》中提到：探究活动是学生学习科学的重要方式，“小院士”活动注重通过课题研究培养青少年的科学素养；科学探究学段目标中给出了提出问题、作出假设、制订计划、搜集证据、处理信息、得出结论、表达交流和反思评价 8 个要素目标，亦可视为参与“小院士”课题研究的基本路径。

2.2.2 环保课题研究的核心内容

当我们对遇到或者发现的环境问题开展研究的时候，主要进行以下两方面的工作：分析问题产生的原因和提出解决问题的策略（图 2.2.1）。

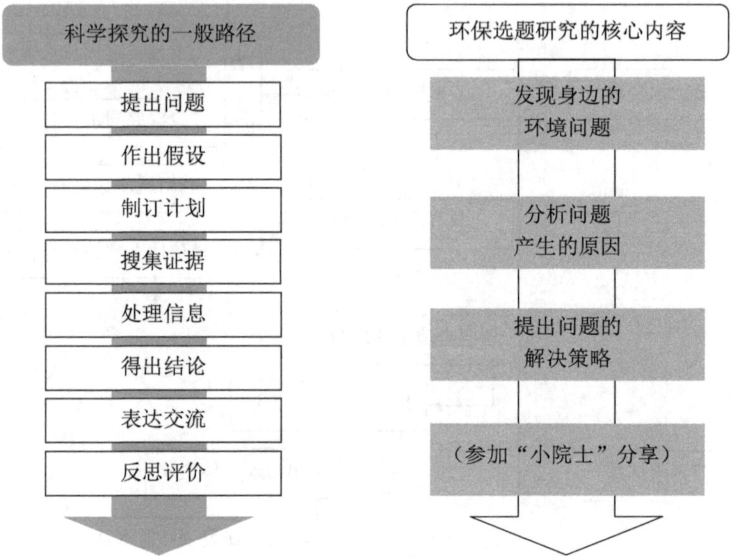

图 2.2.1 科学探究的一般路径和环保选题研究的核心内容

第一，分析问题产生的原因。“存在即合理”，即便它是一个问题，也有其产生的原因；只有找到问题源头，才可能真正去解决它。在这个过程中，可以充分、综合运用文献检索、实地考察、访谈采访等方法，并尽量拆分、细化问题产生的具体原因。

第二，提出问题的解决策略。发现问题和了解问题非常重要，但更关键的是如何解决它。一般来说环境问题牵涉众多，看似不好解决，但在充分了解它的基础上，中小学生是可以提出在他们知识能力范围的解决策略的。解决策略也分多种方法：① 通过工程技术作品实现技术改进；② 通过实验研究得出改善的方法或可能性结论；③ 通过调研分析提出的科学建议等。

2.2.3 环保课题研究的常用方法

环保选题搜集证据的主要方法和开展其他科学探究活动中常用的研究方法

相似，主要有调查法、观察法、实验法、文献法等。

2.2.3.1 调查法

调查法是指有目的、有计划、有系统地搜集有关研究对象现实状况或历史状况等材料的方法，是科学研究中常用的研究方法，通过访谈、问卷、个案研究、测验等科学方式，对所关注的问题进行了解，并对调查搜集到的大量资料进行分析、综合、比较、归纳，从而为人们提供规律性知识。

最常用的调查方法则是问卷调查法，它是以书面提出问题的方式搜集资料的一种研究方法，即调查者就调查项目编制成问卷，请相关人员填写答案，然后回收整理、统计和研究。现在也有很多调查问卷 App，编辑好问题后能自动生成问卷并便于在网络上发放、收集，数据处理也更便捷。

案例分享 2.2.1 《关于浅根系行道树对西城区德胜街道路面破坏的调查研究》

本项目的小作者在研究中主要运用了调查法：她既进行了大量的实地调查，走访、考察生活周边地区行道树根系生长情况和对路面造成的破坏情况，也同时在线上、线下发放调查问卷，了解市民对这一问题的关注度和看法。无论是进行实地调查还是问卷调查，作者都做了足够的前期准备、充分的调查研究和翔实的调查记录。

研究方法	时间	研究步骤	研究目的
问卷调查	2018 年 7 月 29 日至 8 月 11 日	1. 归纳总结前期资料，提炼问题； 2. 制订访谈提纲，设计提问策略； 3. 设计调查问卷； 4. 规划好问卷调查的区域和路线； 5. 走访周边居民，进行随机访谈； 6. 归纳整理问卷调查数据	1. 将获得的前期资料与西城区德胜门街道周边现状做比对； 2. 了解周边居民对这一问题的关注情况； 3. 了解这一问题对居民出行的影响情况； 4. 了解周边居民对政府部门的需求； 5. 为下一步研究梳理出急需解决的问题
实地考察	2018 年 8 月 12 日至 9 月 15 日	1. 实地考察西城区德胜街道周边浅根系的行道树对路面破坏的现状； 2. 编制实地调查情况一览表； 3. 绘制西城区德胜街道周边浅根系行道树对路面破坏的分布图； 4. 实地考察浅根系行道树造成路面破坏对行人的影响状况； 5. 实测不同人群的步幅数据	1. 准确梳理出西城区德胜街道周边浅根系的行道树的分布情况； 2. 弄清对路面造成破坏的行道树有多少，是如何分布的； 3. 了解小孩、成人、老人等不同年龄组的步幅数据

实地调查中，作者提前规划好了调查区域和路线；在此后一个多月的时间内按照调查计划走访了 12 条道路，对区域内 3 000 余棵行道树进行了树种分析，调查、记录了不同行道树对路面破坏影响现状和道路修缮情况等，用表格进行了仔细记录；最后还根据实地调查情况绘制了浅根系行道树对西城区德胜街道路面破坏的分布图。

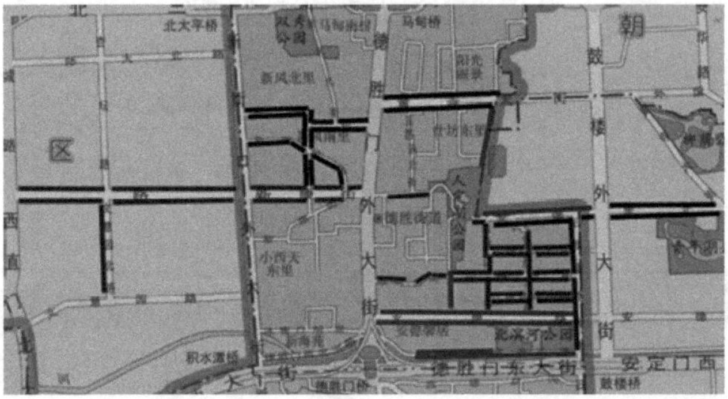

问卷调查中，作者先制定好调查提纲，在归纳、总结前期资料的基础上，进一步提炼、明确问题，完成了调查问卷的设计；在发放网络问卷的同时，还选择了西城区德胜街道周边的主干道和次干道作为线下调查区域，以便获取更为直接、有效的资料；最后共回收有效问卷 222 份。

正是在充分的调查中获得了大量数据作为支撑，作者最终为解决浅根系行道树对西城区德胜街道路面破坏问题的解决提出了合理、可行的方案和建议（详细案例见本书 3.1.2 节）。

2.2.3.2 观察法

观察法也称为科学观察，在人类探索自然界奥秘和改造自然的一切实践过程中，要借助于观察方法才能进行。我们在开展自然观察的时候，要动用我们的感官，有计划、有目的地对在自然发生状态下或在人为条件下发生的事物，进行仔细的观看和认真的考察，感受研究对象提供的信息。科学的观察，可以通过人的感官直接体会，也可以借助科学仪器等工具进行观测。

科学观察与我们日常的观察不同，在开展科学观察时要注意如下几个问题：

（1）科学观察是为所提出的问题而设计的，是为了解决一定的科学问题而进行的，它有明确的任务、目的和观察对象。而我们日常的观察多是漫无目的、随意性的观察。

（2）科学观察具有系统性，是运用各个感官、全方位的观察，必要时还可以借助仪器进行观察。而我们的日常观察是没有这些要求的。

（3）科学观察力求全面，要有详细、准确的观察记录，并运用已知科学原理去处理观察结果。一般要记录观察内容、时间、目的、对象、过程和结果分析，还要写明观察方式（直接或间接、公开或隐蔽）和观察人员等。

案例分享 2.2.2 《北京城区微型湖心岛鸳鸯种群调查及巢内孵化行为观察》

这是一项“始”于观察的研究——本研究的小作者从小就是野生鸟类爱好者，在长期对北京城区野生鸟类的观察中，他发现公园湖心岛很可能是鸳鸯栖息和繁殖的理想场所，为了求证对鸳鸯生活和繁殖的猜想与疑问，他开始了本次研究。

这是一项“忠”于观察的研究——为了解北京城区微型湖心岛的鸳鸯种群类别和野外孵化全周期行为，作者选择了龙潭西湖公园湖心岛为观察点，进行了长达一年的观察研究，其中对鸳鸯野外孵化期的连续监测长达 5 000 余小时。

作者同时使用了直接观察和间接观察的方法（直接观察：在为期 12 个月的观察研究过程中，他利用每个周末时间，在龙潭西湖北堤、西北角门等多处定点观察、拍摄、记录鸳鸯的数量与行为；间接观察：在龙潭西湖公园湖心岛悬挂人工巢箱，并在每个巢箱顶安装了智能摄像头，利用公园内无线网络，将实时图像传送到手机，对鸳鸯在巢中的行为进行 24 小时不间断观察和记录）；使用了双筒望远镜（立可达 8*42 型）、数码照相机（佳能 50D 相机接 400 mm 长焦镜头）、智能摄像头（萤石 C2 mini 型）等观察工具；对龙潭西湖公园湖心岛的鸳鸯进行了择巢偏好、孵化期行为、种内巢寄生现象、弃巢现象、外敌入侵和人工孵化等多项观察，并记录了厚厚一本观察日志。

可以说，这是一项“成”于观察的研究，开始时便有着明确的观察任务和观察对象，过程中进行了有计划的、系统的、长期的全方位观察，还有着详细、准确的观察记录和科学的判断、分析（缩编版详细案例见本书 3.1.4 节）。

2.2.3.3 实验法

实验法是人们根据研究任务和目的，利用一定的仪器、设备等物质手段，人为地创造一定的环境或条件，主动控制或干涉研究对象，舍弃或除掉次要因素和无关因素的影响，选取或突出主要因素，在典型的环境中或特定的条件下，去探索自然界奥秘和发明创造的一种研究方法。

案例分享 2.2.3 《关于有效降低汽车车内温度方法的探讨研究》

本项目作者关注的是：夏季太阳照射强度高和室外温度高会导致汽车长时间停放后，车内温度升高的问题，为探究如何有效降低车内温度，他设计了一系列科学严谨的实验，过程如下：

创设模拟场景 → 设计对比实验 → 分析处理数据

创设模拟场景	设计对比实验
1. 制作汽车模型 2. 选择日光灯模拟自然光 3. 安装电子温度	1. 车身颜色：黑/白 2. 是否遮挡车内皮革 3. 车身不/部分/全部遮挡 4. 是否开启车窗

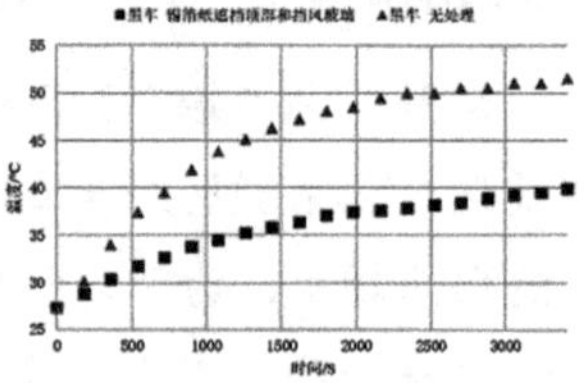

模拟实验法是学生进行模拟科学研究中最常用的实验手段，作者为规避实地测量实验中难以避免的误差和意外突发情况，并能更加准确地控制无关变量，选择了模拟实验法。他采用分体式铝型材外壳为材料制作了汽车模型，并在模型车内铺设人造皮革以模拟车内座椅的吸热现象；选择了与自然光源光谱分布接近的浴霸灯模拟日照。并分别模拟汽车的不同状态，设计多组对比实验，通过连续测温得到模型车在不同条件下的升温、降温曲线，分析了造成汽车升温的主要因素和有效降低车内温度的方法（缩编版详细案例见本书 3.1.6 节）。

2.2.3.4　文献法

文献法是开展课题研究最基本的方法，通过对文献的查阅、分析与概括，可以看到前人对于该问题的研究现状，把握这个问题目前所取得的成绩和存在的不足，也能为研究提供坚实的理论基础。中国知网（www.cnki.net）是最常用的国内文献检索平台。我们除了利用中国知网检索文献外，还可以通过“生态环境知识资源总库”（http://sthj.cnki.net/）针对环保类课题研究做更有针对性的检索。

案例分享 2.2.4 《家用空调环保变形记——家用空调改造以提高环保性的研究》

本项目的小作者在探究改造家用空调以提高其环保性能的过程中综合使用了文献法、问卷调查法、实地考察法和实验法等多种研究方法，其中，文献法为其他方法的开展打下了基础。

他在研究前期通过上网检索及在图书馆查阅资料：①了解北京、上海、广州重点城市的空调保有量和使用情况，明确了研究意义，为设计调查问卷提供方向，也为后期的实地考察提供数据参考；②搜索国内外对空调水的主要利用方法，为自己提出空调冷凝水提供借鉴参考和思路；③了解空调水的成因和成分，使去除空调冷凝水中杂质和致病菌等的改造和实验更具针对性和科学性。

为保证资料、数据的严谨和准确，作者均在中国知网、中国国家图书馆等处进行相关论文、文献的检索和阅读（缩编版详细案例见本书3.1.3节）。

参考文献

[1] 梁仁建．空调冷凝水回收利用技术应用与分析[J]．广东轻工业职业技术学院学报，2009，8（2）：14-15.

[2] 欧阳生春，张文宇，蔡龙俊．空调冷凝水作为水资源的回收利用[J]．能源技术，2006（6）.

[3] 李琦，翁荣华．夏季空调冷凝水回收利用方案的实施[J]．能源工程，2006（2）.

[4] 周蔚．空调冷凝水回收利用技术及实践分析[J]．实验室科学，2011，14（5）：66-68.

……

2.3 从身边发现环保选题

“小院士”活动中的环保课题研究，需要发现环境问题这块“敲门砖”。虽说“万事开头难”，但只要多留心勤思考，从身边发现环境问题并不难。环境保护是热点话题，留心社会新闻可能就会有所收获；中小学都会经常性地开展多种多样的环保活动，对于想要了解环保知识、发现环保选题的学生来说是很好的入门途径；很多学科的教学内容中也融入了不少环境/环保内容；环境本就是我们日常生存和活动的场所，多多关注身边生活，也有机会从中发现环保选题。

2.3.1 从科学课本中发现环保选题

国家每年都会发布《中国生态环境状况公报》，从大气、淡水、海洋、土地、自然生态、声环境、辐射、气候变化与自然灾害和能源等方面总结全国一年的环境状况。有些教师或学生会觉得这与个人生活相距太远，但其实仔细翻看小学科学课本，相关环境的知识和方法在其中都有涉及（详见表2.3.1）。所以，教师在进行相应章节的教学时，可以有意识地带领学生动手操作实验、掌握知识和方法，引导他们设计一次小调查，关注身边的环境问题；学生们也可以以课本为基础发散思维、提出选题，开展进一步的环保科学探究。

表 2.3.1　小学科学课本中涉及环境的相关课题（以首师大版为例）

序号	环境主题	小学科学课本对应章节
1	大气	第二册第二单元　变化的空气 第四册第一单元　空气的组成
2	淡水	第二册第一单元　生活中的水 第五册第一单元　变化的水
3	海洋	
4	土地	第二册第五单元　地下资源
5	自然生态	第七册第二单元　生物与环境 第四册第二单元　共有的家园
6	声环境	第三册第五单元　声与生活
7	辐射	第三册第三单元　电与生活 第三册第四单元　磁与生活
8	气候变化与自然灾害	第七册第四单元　地球的运动
9	能源	第六册第五单元　能源与生活

案例分享 2.3.1　《解决居民区附近娱乐噪声污染问题的研究》

在本案例，两位小作者所居住的小区里，每晚都会有居民在小广场绿化带里跳广场舞、高声合唱自娱自乐。开始两位同学只是觉得占领绿化带不太好，娱乐噪声也很吵人，但在科学课上学习了“声与生活”，尤其是“保护我们的听力”之后，就想通过调查、学习和研究，尝试解决这一噪声扰民问题。

他们根据课本中介绍测量声音的方法，以及声音大小和与声源距离有关的知识，购买了噪声测试仪和测距仪；在网络上学习更多有关声音传播的知识，实地测量了不同条件下的噪声分贝数值。

实地测量噪声传播中噪声值与距离的关系

紧贴声源	声源前 5 m	声源前 10 m	声源前 15 m	声源前 20 m
128 dB	80 dB	77.2 dB	74.5 dB	72.5 dB

实地测量噪声传播中噪声值与有无遮挡物的关系

噪声源前 1 m	距声源约 84 m 居民楼下	楼上 6 层 距地面 16.5 m	居民楼另一面 居民楼下
无遮挡	有树木、车辆、行人和其他遮挡物	有稀少树冠遮挡	有楼遮挡
90 dB	63 dB	65 dB	55 dB

通过到图书大厦查阅更多有关噪声和声环境污染的书籍、国家法规标准等资料，他们了解到居民区属于 1 类区域，昼间（6:00—22:00）室外噪声不能超过 55 dB，夜间（22:00—6:00）室外噪声不能超过 45 dB；而所住小区内的娱乐噪声均超过标准。通过查看法规知道娱乐噪声由公安机关负责管理，尝试拨打 110 报警对噪声扰民情况进行调解劝阻。他们还对居民进行了调查，发现大多数居民对噪声和相关法规缺乏认知可能是娱乐噪声扰民屡禁不止的原因之一，绿化带在设计时也并未考虑娱乐噪声对临近居民楼的影响和危害。

他们感叹通过参与“小院士”活动，深深地感到了人们对噪声知识的匮乏和没有充分认识噪声污染的严重性；加强相关环境知识的普及和学习会有助于大家一起行动起来，共建绿色和谐的家园。

2.3.2 从多种学科中发掘环保选题

随着我国环境教育的广泛开展和深入推进，教育部在基础教育新课程各相关学科的内容设计中都渗透了环境教育的内容，还将环境教育作为一个跨学科的主题纳入中小学综合实践活动课程。教育部于 2003 年研制并印发了《中小学环境教育实施指南（试行）》和《中小学生环境教育专题教育大纲》，《全国环境宣传教育工作纲要（2016—2020）》也于 2016 年由环保部、中宣部、中央文明办、教育部、共青团中央、全国妇联六部门联合发布，推动了生态文明理念融入学校教育；《中国学生发展核心素养》中的社会参与——责任担当条目中，也明确提出学生应“热爱并尊重自然，具有绿色生活方式和可持续发展理念及行动”。所以除科学课和通用技术课外，学校中如生物、物理、社会、健康等其他教学科目的内容中也有不少可探究的环境问题（图 2.3.1）。

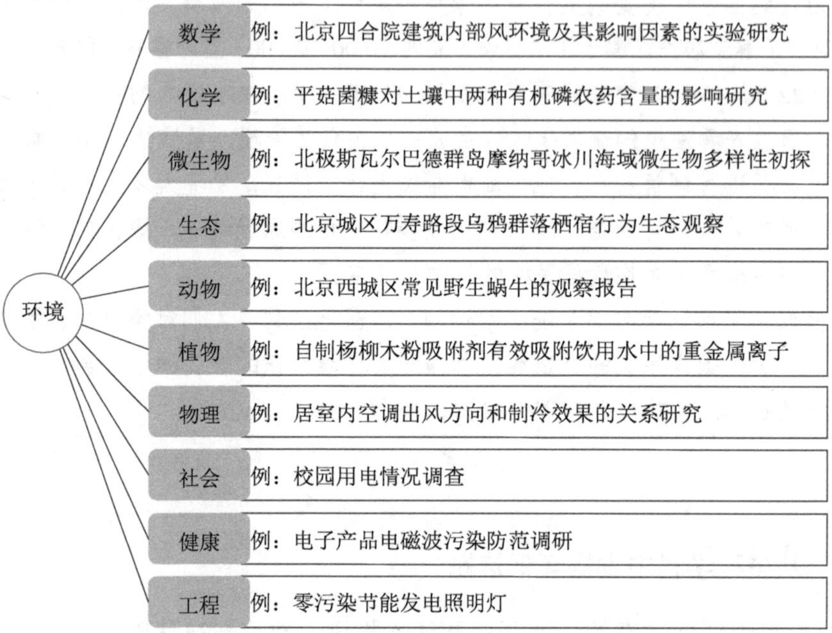

图 2.3.1　从多种学科中发现环保选题

案例分享 2.3.2　《北京四合院建筑内部风环境及其影响因素的实验研究》

这个项目的小作者们以“北京四合院”作为研究对象，她们关注到了四合院这一传统合院式建筑，其格局为一个院子四周建有房屋，将庭院合围在中间，四周房屋是由正房、两侧厢房、倒座房组成，且有着正房房屋高大、倒座房房屋低矮的特点。对于这样的围合式布局从环境科学的角度，是否有它的合理性和科学性呢？

作者从环境角度探究北京四合院建筑特点，利用实验数据分析了建筑、环境与人的关系，从而得出传统四合院在布局形式上对院落内部环境的影响。首先，通过文献和现场调研，总结了北京四合院的建筑特点；其次，在调研的基础上，归纳了典型四合院的结构形式和尺寸，制作出四合院模型；再次，利用风洞实验台，根据北京市不同季节的典型气候条件，进行了不同风向、不同风力下四合院建筑的院落内部风速和风压差的测试；最后，分析、统计了测试数据，定量得出了四合院院落布局对建筑环境的影响程度。研究从“四合院围合式布局对挡风效果的影响、坡屋顶的造型对院落内部小环境的影响、北高南低的建筑格局对环境的影响、不同风力条件下对四合院内部环境的影响”四个方面进行了分析和阐述，为传统四合院建筑在大都市环境下的设计与建造提供科学证据，有助于对我国优秀传统文化的传承和发展。

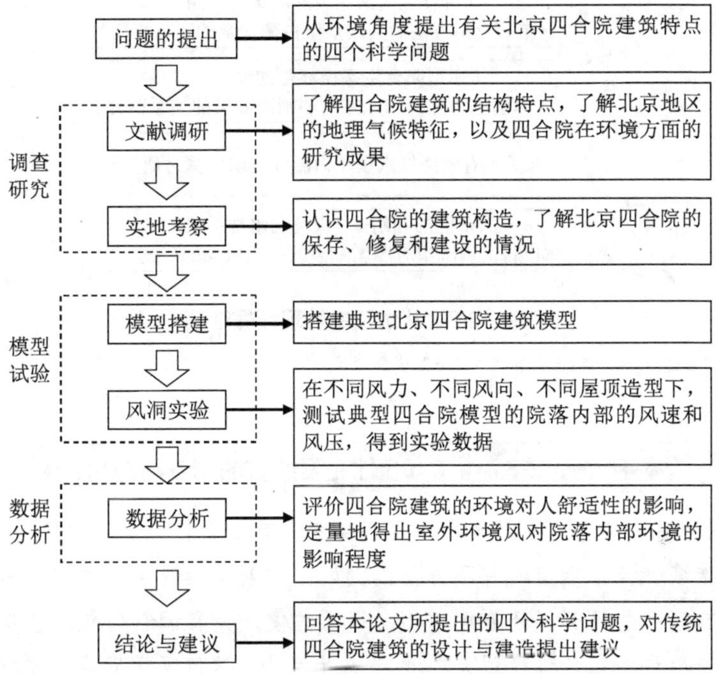

在这篇研究中，学生将数学、物理等学科的知识与环境问题相结合，通过搭建四合院模型，对典型四合院建筑的院落风环境进行了风洞模型实验研究，针对四种不同季节的主导风向、三种不同风力等级、两种建筑形式的共24种实验场景，获得了院落内部的风速和风压的测试数据，通过对实验数据的分析比较，得出了外部风向、风力、建筑形式等因素对四合院内部环境的影响程度，从而对北京四合院建筑的设计建造提出建议。

2.3.3 从日常生活中寻找环保选题

课堂中的内容毕竟是有限的，学生在日常生活中接触到的世界才是更加丰富多彩的。学生的衣食住行、父母的职业或兴趣、社会的热点问题，或多或少都体现着环境问题，同时也包含着环保理念和解决方案（图 2.3.2）。从日常生活中寻找环保选题没有一定之规，更需要有一双发现的眼睛和一颗勇于探索的心。

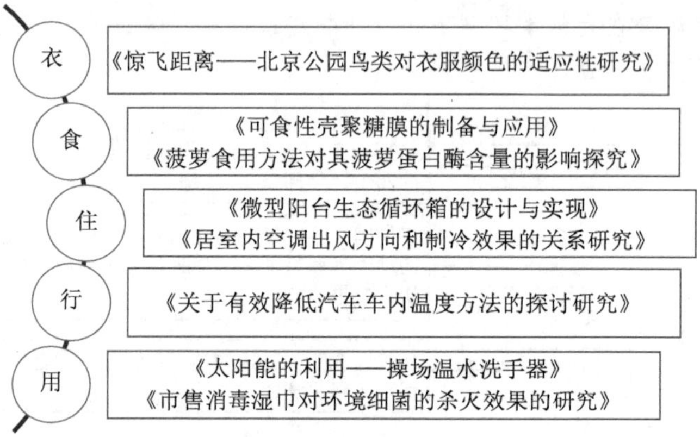

图 2.3.2　从生活中发现环保选题

注：以上研究题目选自 2018 年北京市“小院士”优秀项目。

案例分享 2.3.3　《可食性壳聚糖膜的制备与应用》

“生活中有许多塑料包装食品，塑料包装具有质量轻、运输方便、化学稳定、易生产等诸多优点，但有时并不方便，例如：方便面调料包，冲泡前需将塑料包装打开，有时手打不开，还要用剪刀，很不方便，尤其调料酱包，容易弄脏手，而且还会产生许多白色垃圾污染环境。”在生活中，这位同学发现了这样一个与环保相关的问题。那么有什么办法能够解决呢？这位同学就想到了制作一款可食用的包装袋。

壳聚糖是一种多糖类生物高分子，在自然界中广泛存在于低等生物菌类、藻类的细胞，节肢动物（如虾、蟹、昆虫）的外壳，软体动物（如鱿鱼、乌贼）的内壳和软骨，高等植物的细胞壁等；甲壳素是地球上仅次于植物纤维的第二大生物资源，是人类重要的生物资源。壳聚糖是从甲壳动物中提取一种氨基多糖，由于分子间的作用力较强，只能溶于有机性质酸或无机酸的溶液中，从而限制了它在许多领域的应用。目前，壳聚糖盐酸盐作为壳聚糖的水溶性衍生物，一般为浅黄色无定形粉末，可直接溶于水且溶液呈弱酸性，溶液清澈透明、稳定，且保留了壳聚糖的特性，具有良好的成膜性和抑菌性，可用于食品、果蔬等的添加剂、保鲜剂。

作者首先利用这种物质制备出了壳聚糖膜，但这种膜能否真的用于可食用的膜材料？她随后又对壳聚糖盐酸盐溶液的抑菌效果、壳聚糖盐酸盐制成膜的厚度、拉力、耐折度、溶解时间等进行了测试。结果表明：4%浓度的壳聚糖盐酸盐溶液抑菌效果最佳，制成的可食性膜具有良好的拉伸性和耐折度。用膜制成的调料包，是一种具有抗菌功能又卫生环保的可食性包装。

2.3.4 认真做好开题报告

确定选题方向之后，按照下面的步骤最终选定研究课题，并做好开题报告。

第一步——搜集相关的报道，了解相关环境问题的现状及发展动态，熟悉该问题的背景资料和基础信息。如果是工程技术方面的研究，那么还需要走访市场，调查相应的市场需求等情况。

第二步——初选研究课题，确定研究目标。

第三步——围绕初选课题，深入、广泛地搜集资料，查阅相关文献，深入调查了解国内外同领域关于本课题的研究现状，为确定选题提供根据。

第四步——目标分析，创立科学假说或建立模型。

第五步——对所选研究课题进行科学论证，对选题进行全面的、系统的可行性研究和论证，写出开题报告。开题报告至少包括以下 7 方面内容：

（1）选题的背景、目的和意义：阐释这个环保选题的产生背景、理论意义、现实意义；

（2）国内外研究现状：检索相关文献，梳理国内外同类课题他人的研究现状；

（3）选题的理论依据、研究方法和研究内容：结合研究内容，有针对性地梳理理论基础，确定研究方法的科学性和有效性；

（4）研究条件和可能存在的问题；

（5）预期结果；

（6）研究进度安排；

（7）参考文献。

第六步——选题评估，从科学性、创新性、实用性的角度进行选题论证，最终选定最佳研究课题。

案例分享 2.3.4 《关于食品保鲜膜问题的调查研究》

在“小院士”活动中有这样两位同学，他们对“保鲜膜轴心颜色”产生了疑惑，为此围绕保鲜膜提出了一系列问题，并逐一查阅资料，了解到了与保鲜膜有关的一些“情报”，他们也了解了市场上出售和使用的保鲜膜的分类。

类别	名称	毒性	应用	其他
第一类	聚乙烯 PE	没有毒性，对人体相对安全	可用在直接接触食品的包装，食品包装	可以加热，温度不要超过 110℃，温度过高保鲜膜会析出有毒物质
第二类	聚偏二氯乙烯 PVDC	没有毒性，对人体相对安全	主要用于直接接触熟食、火腿等食品的包装	—
第三类	聚氯乙烯 PVC	有一定毒性，有致癌作用，易造成内分泌紊乱	不宜用在直接接触蔬菜、水果等生鲜食品的包装	制作过程中会加入大量增塑剂，增塑剂会在 60℃以上的油脂中溶析出来

随后他们针对这个选题，确定了研究目标：

√ 了解食品保鲜膜的知识及国家标准。
√ 调查商家及消费者对食品保鲜膜了解的程度和使用情况。
√ 引导人们正确区别和使用食品保鲜膜。

在明确目标之后，两位同学又进一步进行检索文献，了解他人研究现状，寻找支撑自己研究内容的理论依据及研究方法。在这里他们找到了塑料种类的分类方法及回收代码，并查阅到了国家的相关标准，这为他们的研究提供了权威的理论基础。

回收代码	英文简写	中文名称	实例	可否进微波炉
1	PET	对苯二甲酸类塑料	矿泉水瓶、碳酸饮料瓶	否
2	HDPE	高密度聚乙烯	清洁、沐浴类塑料瓶，塑料袋	否
3	PVC	聚氯乙烯	保鲜膜、信用卡等	否
4	LDPE	低密度聚乙烯	保鲜膜、望料膜	可
5	PP	聚丙烯	微波炉盒、一次性餐具盒等	可
6	PS	聚苯乙烯	发泡餐盒	否
7	PC	聚碳酸酯	奶瓶、太空杯	否

•《食品安全国家标准 食品接触材料及制品通用安全要求》（GB 4806.1—2016）
•《食品安全国家标准 食品接触用塑料材料及制品》（GB 4806.7—2016）中对材料的具体成分、限量、检测标准等都有明确规定

中国标准在线服务网：我国于 2009 年出台了《食品用塑料自粘保鲜膜》（GB 10457—2009）涵盖 PE/PVC 保鲜膜类型，其中提到：

↓

“聚氯乙烯保鲜膜仅适用于包装不直接入口的蔬菜、水果等生鲜食品。”

2.4 科学收集环境证据

科学是要讲证据的，所以在开展环保课题研究过程中，收集数据可以说是最为基础和重要的环节。围绕环保的选题，可以借助哪些实验设备和手段开展研究，获得我们所需要的研究数据呢？在这里，我们整理了近年来北京“小院士”活动中同学们最常采用的一些方法，供大家参考。

2.4.1 使用快速检测设备完成实验

快速检测技术主要是指检测时间短、检测过程方便快捷、检测方式不受地点限制、检测效果好、检测范围广及检测成本较为低廉的多种现代化检测方法的总称。目前市场上能够找到各种快速检测试剂盒、快速检测仪等（表 2.4.1、表 2.4.2 列举了一些常见快速检测试剂盒和检测仪）。对于中小学生而言，借助这些快速检测设备，开展科学研究，符合他们的能力水平、便于实验操作。

表 2.4.1 常见快速检测试剂盒

类别	试剂盒名称	检测指标	适用范围
水质检测类	水质溶解氧检测试剂盒	溶解氧	自然界水体、养殖水体
	水质氨氮检测试剂盒	氨氮	自然界水体、养殖水体
空气质量检测类	甲醛自测盒	甲醛	室内空气
	苯系物自测盒	苯系物	室内空气
食品安全检测类	亚硝酸盐检测试剂盒	亚硝酸盐	腌菜
	蛋白质检测试剂盒	蛋白质	乳制品

表 2.4.2 常用快速检测仪

类别	试剂盒名称	检测指标	适用范围
土壤检测类	土壤快速检测仪	氮、磷、钾、有机质	农田土壤
空气质量检测类	空气质量检测仪	甲醛、苯系物、二氧化硫等	室内空气
	$PM_{2.5}$ 检测仪	$PM_{2.5}$	室内空气
食品检测类	食品安全快速检测仪	—	食品
	农药残留快速检测仪	农药残留	蔬菜、水果等
	色素检测仪	色素	食品

中小学生在发现感兴趣的科学研究选题之后，不妨先查一查是否有快速检测的实验手段，能够支持完成项目研究。要注意的是，应对所选择的快速检测设备

的适用性、适用范围、灵敏度等进行预评估，以确保快速检测方法所得到数据的可靠性和有效性。

案例分享 2.4.1　《彩虹农庄土壤分析研究》

这一研究作者是一位小学五年级的学生，她在跟随学校去彩虹农庄参观时，发现彩虹农庄的作物比家中阳台种植的植物生长得要好，生长茂盛，果实饱满；由此产生了对农田土壤营养成分的兴趣。如果让学生只采集土壤再送去专业机构检测，得到结果数据固然可信度高，但学生参与度会降低。因此，教师为学生提供了土壤快速检测仪，带到农田，学生从采集土壤样品，土壤样品前处理，检测土壤中氮、磷、钾、有机质的含量，到最终的数据分析，体验整个土壤成分考察的全过程，大大提升了学生对科学研究的参与度和兴趣，更提升了她对土壤环境的了解和认识。

2.4.2　利用智能控制传感器进行测试及搭建

自动控制领域的知识与技术已经被广泛应用在科学研究、科学检测等不同的领域中。同时，在环境科学中也不断更新和发展。得益于 Arduino、“树莓派”等控制器与一些开源硬件的日益普及，很多功能的模块（如各种传感器）已经普遍应用于中小学生的作品创意中（表 2.4.3）。学生在开展工程类项目时，通常会用到智能控制的手段。控制器就像一个小型计算机，它可以进行一些简单的数据运算与逻辑判断，现在比较流行的是 Arduino 类控制器，其特点是体积小，能够与硬件进行简单连接并且具备众多模块，可以进行传感器检测、数据运算、数据存储等操作。

表 2.4.3　常用两款控制器的对比介绍

Arduino	Arduino 是一款便捷灵活、方便上手的开源电子原型平台，包含硬件（各种型号的 Arduino 板）和软件。 Arduino 能通过各种各样的传感器来感知环境，通过控制灯光、马达和其他装置来反馈、影响环境。板子上的微控制器可以通过 Arduino 的编程语言来编写程序，编译成二进制文件，烧录进微控制器。
“树莓派”	“树莓派”是一个便宜、灵活的，只有手掌大小的，完全可编程的计算机。虽然“树莓派”体积小，但是它的潜力无限。其主板接口多，内存大，可连接蓝牙与 Wi-Fi，可让视频实时传出，且功能全面，具有所有电脑的基本功能。

如果把控制器比作一个作品的“大脑”，那么传感器就是一种感知设备，能够利用传感器感知身边的环境和特定的参数变化，好像让物体有了触觉、味觉和嗅觉等感官，并能满足对信息的传输、处理、存储、显示、记录和控制等要求。目前，可以在市场上购买到很多种类的传感器模块（表 2.4.4）。

表 2.4.4　与环境检测相关的常用传感器

序号	名称	型号	作用
1	一氧化碳传感器	MQ-9	检测有害气体一氧化碳与可燃气体
2	烟雾传感器	MQ-2	检测液化气、丁烷、丙烷、甲烷、酒精、氢气、烟雾等气体
3	液化气天然气/城市煤气传感器	MQ-5	检测液化气、天然气、城市煤气
4	空气质量传感器	MQ-135	适用于氨气、硫化物、苯蒸气以及烟雾气体的探测
5	温湿度传感器	DHT11	探测温度、湿度
6	氧气传感器	O2-A2	检测氧气浓度

案例分享 2.4.2　《探路先锋——基于“树莓派”的空气检测智能小车》

这位同学在生活中，看到一篇关于工人进入狭小空间作业导致吸入有毒有害气体而窒息死亡的新闻报道，并由此引起了思考。研究初期提出了如开展狭小空间的气体检测、环境调查等研究思路，但显然这样的研究无论从研究能力还是从实验的安全性考虑，都不是一名小学生能力所及的。而这名同学，恰恰利用了自己所学的单片机、环保化学等方面的知识，提出了利用“树莓派”与各种有毒有害气体传感器相结合，设计完成了一款智能车，为人们探路、检测狭小空间气体成分及含量，以此保护人员的生命安全。她在这个项目中就选择了“树莓派”作为控制器，结合有限空间气体组成特点，选择了一氧化碳传感器、烟雾传感器、液化气天然气传感器、空气质量传感器、温湿度传感器、氧气传感器等工具，通过控制“树莓派”连接的各个传感器模块，实现了对有限空间内气体的检测，以及温度和湿度的测试等功能；通过在“树莓派”路由器上连接安装 USB 摄像头，获取摄像头所采集的图像信息数据可以实时通过 Wi-Fi 发送给电脑或者手机，实现远程监控，并对有限空间内温度、湿度、一氧化碳、甲烷、乙烷、氨气、硫化物、烟雾等进行实时监测、实时显示，还可在无网络情况下进行控制；具有实时控制能力的智能车可以远程摄像，对危险的区域进行拍摄和视频传输，提前采取有效措施，识别现场危害因素，预判并规避风险。

2.4.3 利用国家标准、官方数据保障研究

在开展环保课题研究中，会遇到评估空气质量、水质情况、土壤中污染物情况等诸多实验检测的问题，这时我们一定要检索一下是否有相应的国家标准、行业标准，在实验中参考、引用相应的国家标准方法及评价标准开展实验，利用国家标准或官方数据来支撑我们的研究，能使实验数据更具有说服力。

那么我们有哪些途径可以获取这些标准呢？国家标准全文公开系统（http://www.gb688.cn）上可以查询到大部分的国家标准（图 2.4.1）。登录网址后，可以在强制性国家标准（代码以 GB 开头）或推荐性国家标准（代码以 GB/T 开头）目录中进行具体查询。中国知网上也能找到一些国家标准，登录中国知网首页（http://www.cnki.net）后，勾选“标准”选项，再输入所需要检索的标准的关键词，点击搜索，即可检索出与之相关的国家标准（图 2.4.2）。

图 2.4.1 国家标准全文公开系统页面

图 2.4.2 在中国知网搜索国家标准示意图

案例分享 2.4.3 《居民对生活饮用水水质认知及其行为的调查研究》

本案例小作者关注的是生活饮用水的水质问题，他选择了 10 种常见饮用水，在专家的指导下对多个水质指标进行了测试，并与标准对比判断分析是否符合相关要求。为保证研究的科学性和严谨性，他搜索、参考了大量国家有关“生活饮用水”的标准和检验方法，最终选择了标准中酸碱度、余氯、钙镁离子等指标，用规范的方法开展实验，并将测试结果与官方标准进行对比。

参考文献

[1] 中华人民共和国卫生部. GB 5749—2006. 生活饮用水卫生标准[S]. 北京：中国标准出版社，2007.

[2] 中华人民共和国卫生部. GB 5750.4—2006. 生活饮用水标准检验方法 感官性状和物理指标[S]. 北京：中国标准出版社，2007.

[3] 中华人民共和国卫生部. GB 5750.12—2006. 生活饮用水标准检验方法 微生物指标[S]. 北京：中国标准出版社，2007.

[4] 北京市水务局. 北京市市级集中式生活饮用水水质状况（2017 年第三季度）[EB/OL]. http://www.bjwater.gov.cn/bjwater/300817/300820/sjjzsshyysszzk/index.html.

第三部分

北京“小院士”活动中优秀环保主题项目案例分享

这一部分的9篇案例全部选自近两年北京“小院士”活动的一等奖课题（表3.1），作者完成研究参加活动的所在年级从小学三年级到高中二年级，研究内容包含社会调查、科学探究、工程技术、创意设计共4个“小院士”课题研究申报方向，个人项目与合作项目均有。案例分享包括论文原文（因篇幅原因部分略有删减）、作者本人的环保感悟和专家点评。教师、学生和家长可以根据自身年龄和特长、喜好选择相应案例学习参考。

可以看到，因作者年龄的不同，他们关注环保主题的视角、调查实验的难度和参与度、收集相关数据的广泛性和提出问题解决策略的深度和可行性等都不一样。但相同的是，通过参与科学探究他们参与环保的意愿和行为更为强烈和明显，他们对环境问题的认识也因深入探究而更理性、更科学。

表3.1　分享案例基础信息

序号	作品名称	姓名	年级	研究方向	发现问题角度		
					日常生活	学习学科	环境分类
1	新型环保牙膏设计	陈轩逸	小学三年级	创意设计	用		
2	关于浅根系行道树对西城区德胜街道路面破坏的调查研究	刘容均	小学五年级	科学探究		社会	植物
3	北极土壤重金属污染及植物与微生物联用修复的研究	谢袓安 段似彧	小学六年级	科学探究		化学	土壤微生物
4	家用空调环保变形记——家用空调改造以提高环保性的研究	刘袓黎	小学六年级	科学探究	住	工程	改造
5	居民对生活饮用水水质认知及其行为的调查研究	张奕朗	初中一年级	社会调查	食	社会	水
6	北京城区微型湖心岛鸳鸯种群调查及巢内孵化行为观察	唐近豪	初中二年级	科学探究		动物	动物
7	智能地砖——以交通道路指示标为例	陈稼霖	初中二年级	工程技术		工程	智能改造
8	北京大气细颗粒物（$PM_{2.5}$）中重金属浓度分布规律与汽车尾气排放关系的研究	陈明昊	初中三年级	科学探究		化学	大气
9	关于有效降低汽车车内温度方法的探讨研究	兰尧丰	高中二年级	科学探究	行	物理	

注：此表按学生参赛时的年级排序，后续案例将按类型呈现。

3.1 科学探究类

3.1.1 《北极土壤重金属污染及植物与微生物联用修复的研究》

作　　者：谢昶安、段似彧（小学六年级）
辅导教师：赵溪、马栋、王朝全
完成时间：2017 年
获奖情况：2017 年小学高年级组一等奖

一、研究目的

1. 采集并分析北极矿区周边土壤样品重金属含量和它们在植物样品中的分布特征。

2. 分析北极土壤重金属间的相关性和土壤-植物根系重金属间的相关性。

3. 寻找具有修复重金属污染潜能的植物，为北极植被修复土壤污染提供科学依据。

二、研究主要流程

本课题研究主要有 4 个阶段：① 确立研究课题、执行方案和专家答疑；② 现场考察（包括采集样品等）；③ 文献查阅、实验室样品分析、数据处理及论文写作；④ 专家指导、综合讨论、完成论文。如图 3.1.1.1 所示。

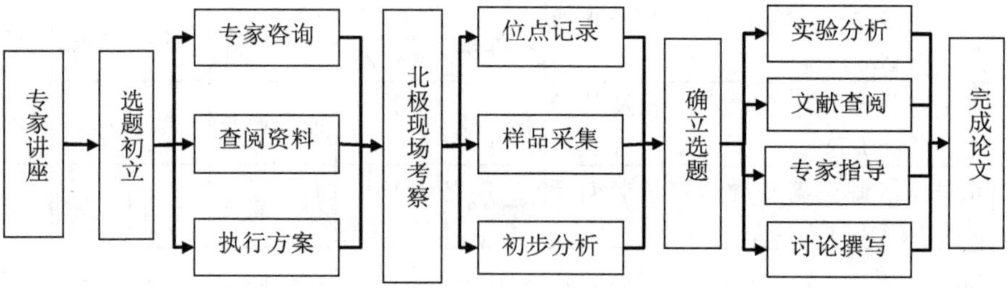

图 3.1.1.1　课题详细研究流程

三、研究方法及过程

1. 文献查阅、专家解惑及开题

我们了解到 20 世纪 80 年代前期，植物修复环境污染治理技术开始使用，其中最有潜力的是植物提取修复，这种方法利用超富集植物对重金属的超量富集作用来去除污染土壤中超标的重金属。超富集植物是指对重金属吸收量超过一般植物 100 倍以上的植物，植物提取修复方法是清除土壤重金属污染的绿色生态技术。Baker 等科学家研究发现超富集植物 T. Lercens 在净化锌（Zn）污染土壤方面作用显著，Meets 等科学家发现向日葵、大麻、遏蓝、高山萤属类和柳属的一些植物能够高效吸收重金属。

2. 主要实验工具与器材（略）

3. 采样点选择及采样方法

（1）采样点选择（表 3.1.1.1）

表 3.1.1.1 采样点地理位置及时间

地点	坐标	开采年代
A	78.17416°N，15.91790°E	1979—1982 年
B	78.15912°N，16.02635°E	1974 年至今
C	78.20365°N，15.61246°E	1922—1938 年
D	78.19527°N，15.56739°E	1966—1979 年
（采样点图略）		

（2）采样方法

土壤采集按照严格的科研要求应该用竹制小铲，以免铲子上的金属掉到土里污染样品，但是北极都是冻土，所以极地采土要用大铁锹，离地面 0～20 cm 较容易挖的地方用小铁铲，采集离铁锹远点儿的土壤放入标准 7 号塑料袋大概 2/3，300～400 g，密封保存（表 3.1.1.2）。

表 3.1.1.2 采样植物及编号

矿区	编号	采样植物
A	S1	蝇子草
		北极罂粟
		发草
B	S2	山蓼
		发草
C	S3	珠芽蓼
	S4	苔藓
D	S5	发草
	S6	苔藓混合

采集蝇子草、北极罂粟、发草、山蓼、珠芽蓼、苔藓等植物及其根部土壤样品，根部土壤离地面 30～40 cm，每个样品能带约 100 g，样品现场采集后放在塑料袋中密封冷藏保存。

4. 样品处理

（1）土壤样品处理

土壤样品的检测主要步骤是风干→研磨→过筛→称重→消解→过滤→定容→稀释→上机检测。

（2）植物样品处理

处理样品前，穿好实验服，戴好口罩和橡胶手套。

先用大烧杯接清洗机超纯水（蒸馏水）将植物根系清洗干净，去除表面泥土和残渣。再把植物根放在去离子水（设备一样）里，放进超声波清洗器（昆山市超声仪器有限公司，KQ5200DB）振荡，自然晾干。

最后用植物粉碎机（上海塞耐机械有限公司，HL-100 型）粉碎研磨，过 100 目筛并对样品编号、密封保存备用。后续测定方法同土壤样品。

5. 样品分析方法

根据不同采样点的调查，老师教我们对研究区域土壤重金属污染状况分别采用单因子指数法和内梅罗综合污染指数法进行综合评价（表 3.1.1.3）。

表 3.1.1.3　土壤重金属污染分级标准

等级划分	单项污染指数	综合污染指数	污染等级	污染水平
1	$P_i \leqslant 0.7$	$P_N \leqslant 0.7$	安全	清洁
2	$0.7 < P_i \leqslant 1.0$	$0.7 < P_N \leqslant 1.0$	警戒限	尚清洁
3	$1.0 < P_i \leqslant 2.0$	$1.0 < P_N \leqslant 2.0$	轻度污染	土壤开始受到污染
4	$2.0 < P_i \leqslant 3.0$	$2.0 < P_N \leqslant 3.0$	中度污染	土壤受中度污染
5	$P_i > 3.0$	$P_N > 3.0$	重度污染	土壤受污染已相当严重

四、研究结果

1. 矿区土壤重金属含量

选取 4 个矿区周边共 6 个样品分析土壤重金属镉（Cd）、镍（Ni）、铅（Pb）、锌（Zn）、砷（As）含量，通过单因子指数法和内梅罗综合污染指数法评价土壤重金属污染情况，得到土壤重金属污染评价指数，结果见表 3.1.1.4，采样点土壤重金属污染评价指数见表 3.1.1.5。

表 3.1.1.4　样品土壤重金属含量　　单位：mg/kg

样品	镉（Cd）（$\times10^{-3}$）	镍（Ni）	铅（Pb）	锌（Zn）	砷（As）
S1	235.50	18.65	11.01	56.00	26.00
S2	245.00	15.80	7.48	66.25	11.10
S3	104.30	38.80	18.35	40.00	19.75
S4	89.90	26.10	22.40	82.00	18.10
S5	59.20	20.60	23.10	54.50	18.80
S6	155.00	25.80	20.50	73.00	13.70
平均值	148.15	24.29	17.14	61.96	17.91
背景值	70.00	25.45	12.00	68.00	19.80

由表 3.1.1.4 可以看出，北极斯瓦尔巴德群岛土壤背景值为 70 μg/kg，6 个土壤样品中：镉（Cd）含量平均值为 148.15 μg/kg，大于背景值；铅（Pb）和锌（Zn）含量较高，其中 S4、S6 样品铅（Pb）和锌（Zn）均高于环境背景值；镍（Ni）含量平均值为 24.29 mg/kg，砷（As）含量平均值为 17.91 mg/kg，小于背景值。

表 3.1.1.5　样品土壤重金属污染评价指数

样品	单项污染指数					综合污染指数	综合污染程度
	Cd	Ni	Pb	Zn	As		
S1	3.36	0.73	0.92	0.82	1.31	2.58	中度污染
S2	3.50	0.62	0.62	0.97	0.56	2.63	中度污染
S3	1.49	1.52	1.53	0.59	1.00	1.39	轻度污染
S4	1.28	1.03	1.87	1.21	0.91	1.59	轻度污染
S5	0.85	0.81	1.93	0.80	0.95	1.56	轻度污染
S6	2.21	1.01	1.71	1.07	0.69	1.83	轻度污染
平均值	2.12	0.95	1.43	0.91	0.90	1.74	轻度污染

通过表 3.1.1.5 中单项污染指数（采用单因子指数法得出）可以看出：样品土壤都受到了重金属镉（Cd）、铅（Pb）不同程度的污染，而镉（Cd）污染最为严重。各重金属的平均污染程度为 Cd＞Pb＞Ni＞Zn＞As，说明矿区由于矿石的开采，导致土壤中重金属不同程度的积累富集，造成了土壤的污染，影响着周边

的生态环境。

综合污染指数（采用内梅罗综合污染指数法）得出：样品土壤的综合污染指数范围在 1.39～2.63，平均值为 1.74，S1、S2 样品土壤均达到中度污染，而 S3、S4、S5、S6 样品为轻度污染。说明由于矿区开采的矿物组成，易造成这些区域土壤中镉（Cd）、镍（Ni）、铅（Pb）、锌（Zn）、砷（As）的污染，这些污染特征也表明煤矿的开采、加工、堆积等过程会造成重金属的富集和污染，且影响程度不同。

2. 植物中重金属含量分布特征

通过测定，各样品中不同植物根系中镉（Cd）、镍（Ni）、铅（Pb）、锌（Zn）、砷（As）含量见表 3.1.1.6。

表 3.1.1.6 矿区土壤-植物根系的重金属含量 单位：mg/kg

元素	土壤含量平均值	S1		S2		S3	
		蝇子草	北极罂粟+发草	山蓼	发草	珠芽蓼	苔藓
Cd	0.148	1.400	1.390	1.140	2.840	1.750	1.350
Ni	24.29	6.88	10.99	10.40	22.80	21.73	21.92
Pb	17.14	10.54	14.94	4.52	22.95	20.89	14.39
Zn	61.96	47.82	44.65	87.12	82.95	36.37	107.97
As	17.91	4.41	4.73	1.10	2.31	3.97	2.40

元素	土壤含量平均值	S4	S5	S6
		苔藓	发草	苔藓混合
Cd	0.148	1.800	1.070	1.880
Ni	24.29	16.57	6.93	22.50
Pb	17.14	23.79	13.57	16.00
Zn	61.96	97.78	28.21	56.22
As	17.91	6.51	2.83	2.09

从表 3.1.1.6 中可以看出：相同植物在不同样品中的重金属含量不同。发草、珠芽蓼、苔藓植物根系的铅（Pb）和锌（Zn）含量大于土壤含量平均值，说明这 3 种植物更有利于去除土壤重金属。其中发草根系镉（Cd）含量远远大于其他植物根系的含量，说明这种植物对于镉（Cd）富集能力较强，可以用于北极

土壤镉（Cd）污染的生物修复技术，但发草铅（Pb）含量比镉（Cd）低，说明需要找到一种微生物能够与发草联用，组成完整的修复土壤污染技术。从表3.1.1.6 总结出表 3.1.1.7。

表 3.1.1.7　矿区土壤-植物根系的重金属含量　　单位：mg/kg

元素	S1		S2		S3		S4	S5	S6
	蝇子草	北极罂粟+发草	山蓼	发草	珠芽蓼	苔藓	苔藓	发草	苔藓混合
Cd	1.400	1.390	1.140	2.840	1.750	1.350	1.800	1.070	1.880

可以看出，镉（Cd）在不同植物根系同种重金属含量不同，导致重金属污染的差异性，说明植物根系吸收重金属能力不同。镉（Cd）在植物根系中含量远大于土壤含量平均值 0.148 mg/kg，表明植物对镉（Cd）的富集能力较强，对土壤重金属镉（Cd）有修复潜力。

镍（Ni）和砷（As）在不同植物根系中的含量都低于土壤含量平均值，说明植物对镍（Ni）和砷（As）的吸收能力较低，因此，在土壤消除镍（Ni）和砷（As）时，单靠植物不行，要结合其他方法。

五、结果分析

土壤-植物根系中重金属元素含量相关分析

（1）土壤重金属元素含量间相关分析

从前面结果分析的矿区十壤重金属含量数据里我们发现北极镉、铅污染最严重，于是我们向老师咨询了一种可以看出重金属之间关系的方法，虽然以我们现有的知识不能完全理解其原理，但是数据结果让我们再次验证镉、铅一起治理是比较合适的方式（表 3.1.1.8）。

表 3.1.1.8　土壤中五种重金属含量间的相关性

元素	Cd	Ni	Pb	Zn	As
Cd	1				
Ni	−0.406	1			
Pb	−0.860**	0.494	1		
Zn	0.197	−0.158	0.037	1	
As	0.137	0.056	0.129	−0.098	1

注：**表示在 0.01 水平（双侧）上显著相关。

从表 3.1.1.8 中可以看出，镉（Cd）与镍（Ni）、铅（Pb）呈现负相关，尤其是与铅（Pb）呈显著负相关，说明这两种重金属来源可能存在一定关系，有可能存在伴生行为的关系，一起治理存在可能。其他重金属间相关性不明显，说明这些重金属来源不同，比较复杂，暂时不作研究。

（2）土壤-植物根系重金属间相关分析

由植物中重金属含量分布特征的数据我们得到发草是修复镉最好的植物（表 3.1.1.9），为了确定发草中的重金属来源于土壤，而土壤中重金属与植物根系重金属含量均呈正相关但是相关性不明显。说明有其他因素影响植物富集重金属元素，但重金属元素能够经土壤进入植物根系。

表 3.1.1.9　土壤-植物根系重金属含量之间的相关性

元素	Cd	Ni	Pb	Zn	As
土壤-根	0.092	0.465	0.387	0.050	0.382

六、结论

1. 北极斯瓦尔巴德群岛矿区土壤镉（Cd）、铅（Pb）污染严重，同时还伴随着不同程度的镍（Ni）、锌（Zn）、砷（As）污染。

2. 土壤中镉（Cd）比较容易积累在植物根部，镍（Ni）、砷（As）积累在植物根系程度较低，说明矿区植物在极地土壤镉（Cd）污染修复中有巨大潜力，其中发草对镉（Cd）的富集能力最强。

3. 土壤中镉（Cd）与铅（Pb）呈现显著负相关，说明它们之间可能存在伴生行为，可以一起治理。土壤-植物根系重金属含量相关性不显著，说明多种因素影响植物根系重金属积累。

环保感悟：

去北极之前，我们一直认为那里只有最纯洁、无污染的白色。去到北极并做完研究之后，发现过去人类对北极的煤矿开采，使白色冰雪中含有大量的污染物，尽管现在已经停止矿产作业，但废弃的矿场仍有重金属等污染物，加上大气流动，使得千里之外工业城市中的污染物传输到那里，进一步恶化了北极的环境。那里的“白”像阳光，颜色其实并不纯粹。于是，我们在老师引导下想到了对北极土壤重金属污染做研究和修复，选用植物与微生物联用。之所以想到用微生物，是因为专家讲座时说微生物在未来可以分解汽车，我们觉得它应该可以应用到各个方面，查阅文献后发现真的可以；之所以想到植物，是因为北极矿区周边有一些植物在生长，说明这些植物本身就具备抗重金属和抗冻性能，试验分析后真的可以。绿色是环保的代言色，地球上到处都是通往绿色环保的门，我们破解了其中一扇门的密码完成了“小院士”论文——植物和微生物联用，它只是大自然给人类的绿色密码之一。我们每个人都可以找到绿色密码，比如在生活中购物尽量少用或不用塑料袋，尽量乘坐地铁、公交或骑自行车，尽量少使用空调……每开一扇门就能为地球环境尽绵薄之力，使北极的“白”越来越纯粹。

专家点评：

北极地处极寒地区，自然环境严酷，人迹罕至。但北极地区又是矿产资源丰富的地区，已经探明的煤矿、铜矿、镍矿、锰矿等储量十分惊人，因此俄罗斯、挪威、加拿大、美国等国家在北极地区都有采矿区。矿产的开发通常会对周边自然环境造成破坏，例如山西的煤矿、江西的稀土矿、云南的镍矿等开采，都使当地植被被破坏，含有大量重金属的矿渣堆放还对土壤和地下水造成污染，对当地居民的健康造成极大危害。北极地区由于气温低，植被稀少，物质循环缓慢，因此对环境污染的承受能力和修复能力更低，采矿业对当地的污染更加严重，持续时间更长。随着全球气候变暖，北极地区冰川逐年融化，冰川融水流经矿区带走矿渣中的重金属元素并最终汇集到海洋，使大量北极海洋动物的体内产生重金属富集，威胁整个北极海洋生态系统。

作者以北极土壤重金属污染为选题，不但对当地采矿造成的重金属污染状况进行了调查，找到了主要污染物质，分析了不同重金属元素之间的浓度关系，提出重金属元素伴生和共同修复的建议，而且比较了不同北极植物对多种重金属元素富集能力的差异，为进一步开展利用生物修复技术来改善北极土壤环境方向的研究奠定了基础。由于生物修复比机械修复和化学修复对环境造成的不良影响更小，更适合极地地区，因此作者的研究对于保护北极脆弱的生态环境，推动冰上丝绸之路战略的顺利实施都具有十分重要的意义。

在研究中作者对土壤和植物样品的采集过程非常科学规范，这也保证了后期样品分析结果的准确性。但作者在每个矿区仅设置了一个采样点，而不同矿区的开采时间又相隔几十年，因此其污染状况肯定会随时间变化而发生改变。在后期的研究中，作者可以在每个矿区设置多个采样点，通过对比一个矿区不同采样点的重金属元素差异，分析重金属元素如何受地形、降水、土壤风化、生物降解等因素的影响，从时间和空间尺度上分析污染物的变化规律，可以为今后北极变暖对重金属元素的影响作出预测。

3.1.2 《关于浅根系行道树对西城区德胜街道路面破坏的调查研究》

作　　者：刘容均（小学五年级）

辅导教师：甄奕、闫莹莹

完成时间：2018 年

获奖情况：2018 年小学高年级组一等奖

一、研究背景

一次在上学的路上，我不小心摔了一跤，仔细一看，原来是被拱出地面的树根绊倒了。

这一现象引发了我的好奇心，树根不都是扎根在土里向下生长的吗，为什么这些树的树根会拱出地面？哪些树的树根容易拱出地面，造成地面不平？附近的居民有没有被绊倒的经历？带着这些疑问，我决定去调查研究。

二、研究目的

1. 通过实地考察调研，统计浅根系行道树对西城区德胜街道路面破坏的现状。

2. 制作浅根系行道树对西城区德胜街道路面破坏区域的分布图。

3. 提出治理浅根系行道树破坏路面以及调整北京市市政绿化用行道树树种的建议。

三、研究方法及计划

1. 研究方法及研究步骤（表 3.1.2.1）

表 3.1.2.1　研究方法及研究步骤

序号	时间	地点	研究方法	研究步骤	研究目的
1	2018 年 7 月 10—27 日	图书馆、家中	查阅文献资料	1. 利用百度等搜索引擎查阅资料； 2. 查往届大赛获奖作品； 3. 查中国学术期刊网	1. 通过查阅资料、文献，确定在所查范围内有无相同或类似研究； 2. 对研究主题的新颖性作出判断； 3. 搜集与研究主题相关的知识、信息，为后续研究奠定良好基础

序号	时间	地点	研究方法	研究步骤	研究目的
2	2018年7月28日	新文化街校区科学教室	展开头脑风暴讨论	1. 与辅导老师、同学就研究主题展开头脑风暴讨论； 2. 收集、归纳、整理头脑风暴讨论意见和建议； 3. 确定研究主题	1. 通过开展头脑风暴式的讨论，充分吸纳各方对研究主题的意见和建议； 2. 进一步修改开题报告，明确研究方向、思路和研究步骤； 3. 最终确定研究主题
3	2018年7月29日—8月11日	西城区德胜街道周边	开展问卷调查	1. 归纳总结前期资料，提炼问题； 2. 制定访谈提纲，设计提问策略； 3. 设计调查问卷； 4. 规划问卷调查的区域和路线； 5. 走访周边居民，进行随机访谈； 6. 归纳整理问卷调查数据	1. 将获得的前期资料与西城区德胜街道周边现状做比对； 2. 了解周边居民对这一问题的关注情况； 3. 了解这一问题对居民出行的影响情况； 4. 了解周边居民对政府部门的需求； 5. 为下一步研究梳理出急需解决的问题
4	2018年8月12日—9月15日	1. 西城区德胜街道周边； 2. 学校	实地考察	1. 实地考察西城区德胜街道周边浅根系行道树对路面破坏的现状； 2. 编制实地调查情况一览表； 3. 绘制西城区德胜街道周边浅根系行道树对路面破坏的分布图； 4. 实地考察浅根系行道树造成路面破坏对行人的影响状况； 5. 实测不同人群的步幅数据	1. 准确梳理出西城区德胜街道周边浅根系行道树的分布情况； 2. 弄清对路面造成破坏的行道树有多少，是如何分布的； 3. 了解小孩、成人、老人等不同年龄组的步幅数据
5	2018年9月16—30日	1. 西城区德胜门正在维修的街道； 2. 西城区德胜街道园林绿化办公室； 3. 德胜街道城市管理科； 4. 德胜街道办公室	采访访谈	1. 实地采访绿化施工工人，了解通常解决方法； 2. 弄清这一问题需要政府哪个部门予以解决； 3. 实地采访政府相关部门专家； 4. 收集、归纳、整理专家及施工工人的意见和建议	1. 了解施工工人对这一问题的通常解决方法； 2. 明确政府哪个部门能解决此类问题； 3. 咨询相关专家关于这一问题的解决方案

序号	时间	地点	研究方法	研究步骤	研究目的
6	2018年10月1—20日	家中、学校	数据分析	1. 分析问卷调查数据； 2. 分析浅根系行道树对路面破坏实地调查数据； 3. 分析不同人群的步幅数据； 4. 将路面破坏实地调查数据与步幅数据对比分析； 5. 分析资料查询和采访访谈数据	1. 从调查问卷的数据分析中得出公众对浅根系行道树的认知程度； 2. 从实地调查数据分析中得出浅根系行道树对路面的破坏程度； 3. 从步幅数据分析中得出影响行人正常通行的边界条件； 4. 从路面破坏实地调查数据与步幅数据进行对比分析中评价路面破坏对行人出行的影响程度； 5. 从分析资料查询和采访访谈数据分析中思考如何提出合理化建议

2. 研究流程（略）

四、研究过程及结果

1. 查阅资料、文献，了解研究主题的创新性

（1）利用百度等搜索引擎查阅资料

我利用百度等搜索引擎得知这种树根容易拱出地面的行道树为浅根系植物。浅根系植物是指树木的主根不发达，侧根或不定根辐射生长，长度超过主根很多，根系大部分分布在土壤表层，如槐树、臭冷杉、红松、云杉、杨树等。

一般根系深浅与植物种属有关，与气候也有一定关系。亚热带气候区一般雨水丰沛，土壤含氧量高，树种在土地表层就可以获取充分的氧气和水分，就不会再向土壤深处生长。即便是深根系树种，在亚热带环境下也会逐渐变成浅根系为主的生存状态。

这种浅表树根很容易把地面拱坏，不仅北京有这种情况，全国尤其是沿海城市这种情况也发生较多。

（2）查往届大赛获奖作品

在老师和同学的帮助下，我搜集了往届大赛获奖作品，并进行了查阅和检索，未发现与本次研究相同的作品。

（3）查中国学术期刊网

在老师和家长的帮助下，我检索了中国学术期刊网，未发现与本次研究相同的参考文献。

（4）报刊查询

我在图书馆通过报刊查询，未发现与本次研究相同的参考文献。

2. 展开头脑风暴讨论，明确研究方向、思路和研究步骤

我与辅导老师和同学进行头脑风暴讨论。大家为我的选题提出了宝贵的意见和建议，综合各方意见后我进一步完善了开题报告，明确了研究思路和研究步骤。

3. 开展问卷调查，了解居民关注度

（1）制定访谈提纲，设计调查问卷：通过归纳总结前期资料，提炼问题，制定访谈提纲，并设计了调查问卷。

（2）规划问卷调查的区域和路线：问卷调查分为实地访谈调查和网上问卷调查；实地访谈调查区域设定为西城区德胜街道周边主干道和次干道。

（3）开展问卷调查：2018 年 8 月 5—11 日，我利用一周左右时间按照制订的研究计划和步骤开展实地访谈调查。进行实地问卷调查和网上问卷调查，共发出及回收问卷 222 份；问卷调查结果统计见表 3.1.2.2。

表 3.1.2.2　问卷调查结果

序号	调查问题	统计		
		是	否	合计
1	您是否注意到行道树所造成的路面不平？	192	30	222
2	您是否看到别人或自己因道路不平而绊倒过？	153	69	222
3	您自己或您身边的人有没有受到过因路面不平而造成的影响？	176	46	222
4	您认为路面不平是行道树树根拱起地面所造成的吗？	153	69	222
5	您认为给树木浇水的位置会影响树木根部的生长位置吗？	119	103	222

4. 实地考察，统计路面破坏现状，绘制分布图

（1）2018 年 8 月 12 日—9 月 15 日，我利用一个多月时间，按照预先规划好的调查区域和路线，开展了实地考察工作。

（2）考察结果：安德路、安德里北街、黄寺大街、滨河街道、新风街的行道树以白蜡树和国槐为主，路面情况良好。旧鼓楼外大街、六铺炕一巷、六铺炕二

巷、六铺炕街、六铺炕北小街、新康街行道树以国槐和杨树为主，树根拱出地面的情况比较严重，个别地方拱出地面高差达 19 cm，部分路面呈现波浪状，严重影响行人通行（表 3.1.2.3）。

表 3.1.2.3　实地调查情况

调查时间	街道名称	行道树种	数量/棵	是否为浅根系	对路面破坏情况	修缮情况	其他重要调查情况说明
2018 年 8 月 12 日	安德路	国槐	500	是	路面情况良好	一年前对路面进行整体修缮	据周边居民反映，在路面进行整体修缮时，工人将拱出地面的浅根系树根切除填平后再进行铺砖修路
		白蜡树	10	是			
		杨树	10	是			
2018 年 8 月 18—19 日	安德里北街	国槐	164	是	路面情况良好	2018 年 7 月对路面进行整体修缮	据周边居民反映，在路面进行整体修缮时，工人将拱出地面的浅根系树根切除填平后再进行铺砖修路
		杨树	7	是			
2018 年 8 月 18—19 日	黄寺大街	国槐	457	是	路面情况良好	两年前对路面进行整体修缮	据周边居民反映，在路面进行整体修缮时，工人将拱出地面的浅根系树根切除填平后再进行铺砖修路
		杨树	8	是			
		银杏树	21	是			
2018 年 8 月 18—19 日	旧鼓楼外大街	国槐	458	是	43 棵树的树根拱出地面，其中 32 棵树的树根拱出地面较严重，拱出地面高度 5～15 cm，影响行人通行	尚未修缮	据附近居民介绍，旧鼓楼大街南段曾进行过路面平整，但从实地调查情况看，修缮后的路面被树根再次拱起，北段路面至今尚未维修
		白蜡树	10	是			
		杨树	2	是			

调查时间	街道名称	行道树种	数量/棵	是否为浅根系	对路面破坏情况	修缮情况	其他重要调查情况说明
2018年8月25—26日	新康街	国槐	324	是	54棵树的树根拱出地面，其中25棵树的树根拱出地面较严重，拱出地面高度5～19 cm，影响行人通行	尚未修缮	拱出地面的高度大部分集中在10 cm以上，高差最高达到19 cm，部分路面呈现波浪状，严重影响行人通行
		杨树	3	是			
2018年9月8—9日	六铺炕一巷	国槐	68	是	9棵树的树根拱出地面，其中6棵树的树根拱出地面较严重，拱出地面高度5～14 cm，影响行人通行	尚未修缮	部分树的树根拱出地面较严重，高差最高达到14 cm，影响行人通行
2018年9月8—9日	六铺炕二巷	国槐	82	是	21棵树的树根拱出地面，其中11棵树的树根拱出地面较严重，拱出地面高度5～13 cm，影响行人通行	尚未修缮	部分树的树根拱出地面较严重，高差最高达到13 cm，影响行人通行
		杨树	3	是			
2018年9月8—9日	六铺炕街	国槐	381	是	23棵树的树根拱出地面，其中13棵树的树根拱出地面较严重，拱出地面高度5～12 cm，影响行人通行	尚未修缮	部分树的树根拱出地面较严重，高差最高达到12 cm，影响行人通行
		白蜡树	13	是			
		杨树	6	是			
2018年9月8—9日	人定湖公园北门、东门、西门、南门附近街道/胡同	国槐	151	是	17棵树的树根拱出地面，其中5棵树的树根拱出地面较严重，拱出地面高度5～10 cm，影响行人通行	2017年、2018年西城区园林市政部门曾对公园大门周边街道进行了整体修缮，目前情况良好	修缮后据实地调查，仍有部分树根拱出地面
		杨树	4	是			

调查时间	街道名称	行道树种	数量/棵	是否为浅根系	对路面破坏情况	修缮情况	其他重要调查情况说明
2018年9月8—9日	滨河街道	国槐	309	是	路面情况良好	一年前对路面进行整体修缮	据周边居民反映，在路面进行整体修缮时，工人将拱出地面的浅根系树根切除填平后再进行铺砖修路
		杨树	1	是			
2018年9月15日	新风街	国槐	132	是	路面情况良好		
		杨树	84	是			
2018年9月15日	六铺炕北小街	国槐	135	是	35棵树的树根拱出地面，其中24棵树的树根拱出地面较严重，拱出地面高度2～15 cm，影响行人通行	尚未修缮	西城区实验小学以及2个大公司位于该条街道两侧，街道部分行道树树根拱出地面较严重，高差最高达到15 cm，在上学、上班高峰期严重影响行人通行

（3）根据实地调查情况绘制了浅根系行道树对西城区德胜街道路面破坏的分布图（图略），并在图中分别用不同颜色标注路面破坏情况——红色线段表示其对路面破坏较为严重，且至今尚未修缮；绿色线段表示情况较好的路段；蓝色线段表示其对路面破坏较轻，路面情况良好。

（4）为进一步实测地面拱起对行人出行的影响，我对不同人群的步幅数据进行了实测，统计数据见表3.1.2.4。

表3.1.2.4　步幅测量数据统计　　单位：cm

组别	编号	身高	步幅长度	步幅平均长度	步幅高度	步幅平均高度
儿童组	X1	150	32	45	7	6
	X2	152	47		6	
	X3	155	43		5	
	X4	156	40		8.5	
	X5	162	53		6	
	X6	160	53		6	

组别	编号	身高	步幅长度	步幅平均长度	步幅高度	步幅平均高度
成年组	C1	170	50	50	5	6
	C2	174	54		7	
	C3	160	45		6	
老年组	L1	170	50	51	5	6
	L2	172	53		6	
	L3	168	49		6	

5. 采访访谈，明确问题解决部门，征集问题解决方案

（1）为了解居民心目中理想的行道树种以及居民对出行路面的关注程度，我在开展问卷调查的同时也在实地和网上进行了采访访谈（访谈结果略）。

（2）采访了正在进行路面修缮作业的西城区绿化施工队，据工人反映，浅根系行道树树根破坏地面的情况较为普遍，通常做法是切除拱出地面的树根，整平地基后再进行补砖修复。

（3）为了解政府部门对此问题的看法，我采访了西城区德胜街道园林绿化办公室、德胜街道城市管理科和德胜街道办公室的叔叔阿姨。从这些部门我了解到，对浅根系行道树破坏路面的问题他们还没有非常清晰和统一的认识，还没有对辖区内行道树树根破坏路面的情况进行普查，对如何专项整治这类问题还没有明确的解决方案。在路面修缮的过程中，顺便将拱出地面的树根切除，再铺砖修路是目前园林绿化部门的通常做法。同时我了解到，大面积更换老街道的行道树树种费用很高，成活风险大。但对于新建道路可以采用深根系、抗风能力强且没有飞絮的行道树种。

五、分析和结论

1. 公众对于浅根系行道树的认识程度不够

从调查问卷的反馈情况看，路面不平的问题对居民出行影响很大。大部分受访居民都表示关注过这一现象，有些居民也被绊倒过，但很多人对于浅根系行道树还不是很了解。大家都非常期盼城市管理部门以及园林绿化部门对此问题予以重视，并进行专项修缮。

2. 实地考察发现西城区德胜街道周边浅根系行道树对路面破坏并影响到行人出行的问题较为严重

我对西城区德胜街道周边进行了实地考察，发现行道树以国槐、杨树、白蜡树为主，其中国槐占该区域行道树比例为 95%以上，大部分为老街道，建成年

代久远。

除近期已经修缮的路面外，其余未经修缮的街道，其行道树浅表根系拱起破坏地面的情况比较普遍，局部地区较为严重。拱出地面的行道树占总行道树比例10%～25%，但影响到行人出行的行道树占拱出地面的比例普遍较高，基本都在60%以上，最严重的树根拱出地面高差竟达到 19 cm。

通过实测：儿童平均步幅长度为 45 cm，平均步幅高度为 6 cm；成人平均步幅长度为 50 cm，平均步幅高度为 6 cm；老人平均步幅长度为 51 cm，平均步幅高度为 6 cm。人行道地砖的尺寸为 30 cm×30 cm 和 30 cm×15 cm。也就是说，树根将两块地砖拱起，拱起高度大于 6 cm，无论是儿童、成人还是老人都可能被绊倒而导致出行伤害。

从实地测量的数据看，拱出地面的树根大部分都破坏了两块砖以上，形成高差普遍都在 6 cm 以上，可见目前的路面情况极易对不同年龄段的行人造成伤害，情况比较严重。

3. 采用设置夜光警示标识、切根补砖等方法可以有效解决浅根系行道树破坏路面的问题

设置夜光警示标识可简便快捷地向行人提供出行警示

在实地调查中，我认为在全区行道树调查基础上，对“问题树木”设置夜光警示标识，能够简便快捷地向行人提供清晰可辨的警示，可以有效地避免行人在夜间光线不足的情况下被坑洼路面绊倒而导致出行伤害。

采用切根补砖的修缮方式是较为普遍的做法

通过实地调查采访园林市政工人、相关部门专家，我认为采取切断浅表树根、修补拱裂路面的做法是经过实践检验、行之有效的治理方案，这种修缮方式已被南方某些临海城市普遍采用。

新建道路应优先选择深根系行道树种

通过查阅资料、咨询专家等方式，我认为对于新建道路应优先选择适合的深根系行道树种，可以有效地消除浅根系行道树对路面破坏的隐患。

经济适用性分析

我认为制作及安装夜光警示标识和采取切根补砖的方式进行局部修缮，其工期短、成本相对低廉，特别是与因市政设施不善对居民造成的伤害而引发的赔偿相比，费用支出更为低廉，这显然是低成本且行之有效的方式。选择适合行道树种的方式，主要适用于新建道路。已有道路的行道树种由于更换费用高、更换后

成活风险大，不建议轻易更换，除非原有路面破坏严重，树根切除困难，也可采取此方案。

六、建议

1. 建议西城区德胜街道城市管理部门以及园林绿化部门对浅根系行道树造成路面破坏的问题予以高度重视，由园林绿化部门牵头、城市管理部门配合，尽快在全区开展行道树普查，根据树木对路面造成破坏的程度分别登记造册，为下一步治理隐患奠定良好的基础。西城区德胜街道周边浅根系行道树对路面破坏的分布图，本文已做初步调研。

2. 建议西城区德胜街道城市管理部门根据行道树普查情况，在造成路面破坏较为严重的树干上设置带有夜光功能的警示标识，最大限度地避免对周边居民出行的危害。

3. 建议西城区德胜街道城市管理部门联合园林绿化部门对设有夜光警示标识的“问题树木”按轻重缓急逐步整治和修缮。可以采取切断浅表树根、修补拱裂地面的方式修缮，让路面更平整美观、让出行更放心安全。

4. 建议西城区德胜街道园林绿化部门在新建道路选择行道树种时，优先考虑选种柳树、桑树、圆柏等深根系（垂直性根系为主）、耐生长、抗风能力强的树种。

希望以上建议能够引起西城区德胜街道城市管理部门以及园林绿化部门的重视，并有效落实和实施，尽快消除安全隐患，改善行人交通情况，让我们居住的城市道路更加平整美观、人们出行更加安全顺畅。

环保感悟：

随着现代工业越来越发达，环境问题日益成为一个非常现实的课题。以前我一直以为这些高大上的名词，都是大人们要考虑和解决的事情，离我很遥远。这次的研究课题让我发现，原来绿色环保这个看似高端的课题，就存在于生活中的方方面面，与每个人的生活息息相关。

在研究课题过程中，有一项非常重要的工作，就是开展问卷调查。原来我一直觉得，不会有人浪费自己的时间配合我进行问卷调查。但我没想到的是，在逐一发放调查问卷时，并没有遭受想象中的拒绝，那些老爷爷、老奶奶，甚至是行色匆匆的路人都十分配合我，回答了各种各样的问题，我非常感谢他们。记得有一次，我采访完一位老奶奶后，连说了好几句“谢谢”，奶奶却一挥手说道：“这也算是为环保事业做一份贡献吧。”直到那一刻，我明白了，原来环保就在我们的生活当中，与我们的生活息息相关，我们每个人都应该关心环保，都应该保护身边的环境，而不是把它当作免费的福利，任意糟蹋而不知珍惜。

专家点评：

随着城市现代化发展，建立水清、树绿的美好生活环境是政府和公众日益关注的重要问题。刘容均同学从一件生活小事出发，以小见大，提出了绿化中容易被忽视的细节——浅根系行道树对路面的破坏。一个看似无关紧要的现象，却会造成伤及行人、有碍景观、重复投资等重大影响，由此可见，他是善于观察和思考的，并能缜密地安排课题的实施：

一、课题调查：他实地考察了 12 条街道因行道树根系凸起造成的损坏情况。证明他摸索到了课题研究的关键步骤。根据调查结果，他绘制了街道行道树的分布图，做到了课题实施心中有数，一目了然。

二、课题研究方案：他首先查阅文献，厘清研究思路。同时，他请教了指导老师，和同学一起讨论问题，为具体工作打下基础。博采众长抓住研究的重点，即实地考察和问题答卷。

三、课题实施：分两部进行，第一步：采访居民、绿化工人、政府部门、专家。第二步：发放问卷 222 份，随机访谈。

四、通过实地考察、问卷和随访，提出了切合实际的建议：1. 在路面受损地段，设置夜光警示标识；2. 对树根凸起部位，进行切根补砖；3. 今后植树尽量选用深根系树种，从根本上解决问题。

本篇论文的突出特点是：1. 开展研究前，首先查阅文献，并进行课题查重；目的是尽量选择前人没有做过的选题，有利于独立思考和创新。2. 根据课题特点，分别从儿童、成年、老年人群的步幅高度和长度进行调查和统计，从而判断影响行人通行的路面损坏程度。3. 通过七天的随机访谈和 222 份问卷答题，实地考察了 12 条街道的路面状况，数据可靠，情况属实，给有关部门提出了可信的建议，并受到好评。

我相信通过这次课题研究，刘容均同学一定能掌握开展科学研究的方法，同时养成善于观察、勤于思考的好习惯。科学的素养在于学习、积累和实践。正如他体会到的，科学就存在于生活中的方方面面，与每个人的生活息息相关。特别是问卷调查中，同学们和被访对象都密切配合他，这就是团队精神，有了这次经历，科学素养一定会潜移默化地深入到他的内心，使他逐渐懂得为社会和环保做贡献，不在于年龄大小，而在于责任和担当。由此，他深深地体会到了，每个人都应该关心环保，并保护身边的环境，前人栽树，后人乘凉，为了下一代，人人都要珍惜和爱护环境。

3.1.3 《家用空调环保变形记——家用空调改造以提高环保性的研究》

作　　者：刘昶黎（小学六年级）

辅导教师：王喆

完成时间：2017 年

获奖情况：2017 年小学高年级一等奖

一、研究背景

暑热难耐，今年夏天我家又增加了一台壁挂空调。5—9 月，家中的空调几乎随时开着，就连学校教室的空调，也几乎是从早上开到放学。在炎热而寂静的夜晚，楼上邻居家的空调滴水，无时无刻不拍打着我的窗户，影响睡眠的同时引发了我的思考：这些水浪费了很可惜，为什么不收集起来加以利用呢？

经过一段时间的观察和调查，我发现：北京其实是个极度缺水的城市，但是很多空调水任意排放，随意滴落，造成了墙体的破坏、路面的污染、细菌蚊虫的滋生，长满绿苔的积水还容易使行人滑倒。长期待在封闭的空调房间里，甚至容易患上“空调病”。

空调水是怎样形成的？主要成分是什么？能否回收利用？空调能否增加净化空气的功能？……带着这些疑问，我开始仔细研究。

二、研究目的及研究内容

我研究这个项目的主要目的是通过简单改造家用空调，使得空调具备空气净化功能，采用新型技术和方法过滤、消毒并收集空调冷凝水，使之能够回收再利用，成为符合国家水质标准的家庭日常用水，降低城市供应自来水的需求，避免空调冷凝水外排对环境的污染。通过对该项目的调查研究，提升我对多种科学研究方法的掌握程度；增强我的实际操作能力，并培养热爱科学、乐于探究、勇于创新、积极实践的精神，对家用空调诸多方面有更深入的了解，提升对社会民生问题的关注度，培养参与社会建设的意识。

研究的主要内容如下：

1. 了解空调换气、制冷的工作过程，以及空调冷凝水的形成和主要成分。
2. 了解目前空调的分布范围和使用量、使用时间，估算冷凝水的全国产量。
3. 了解全球范围内对空调冷凝水的利用情况及方法。
4. 设计一套新型的、简便的、成本低的空调改造装置，既能实现空气净化器的功能，又能完成对冷凝水的回收再利用，达到净化空气、节水节能、保护环境的目的。

三、研究方法

1. 文献法

通过上网检索及图书馆查阅资料，了解空调水的基础成分，了解北京、上海、广州等重点城市的空调保有量和使用情况，以及国内外对空调水的主要利用方法。

2. 问卷调查法

针对研究内容设计相关调查问卷，并在网络和街头随机发放，以了解家用空调的分布范围、使用时间、制冷量等统计信息，并了解使用者的环保意愿及意见。

3. 实地考察法

跨地区、跨时间、选择不同位置的空调进行实地考察，观察并测量冷凝水的排放情况；得到初步数据后，找到相关领域专家咨询。

4. 统计计算法

根据问卷调查的统计结果，参考文献资料的数据，计算空调冷凝水的大致出水量。

5. 试验测试法

设计空调改造方案，组装实物模型，反复试验测试，直至制作出成品饮用水，送权威机构检测。

6. 研究过程（图 3.1.3.1）

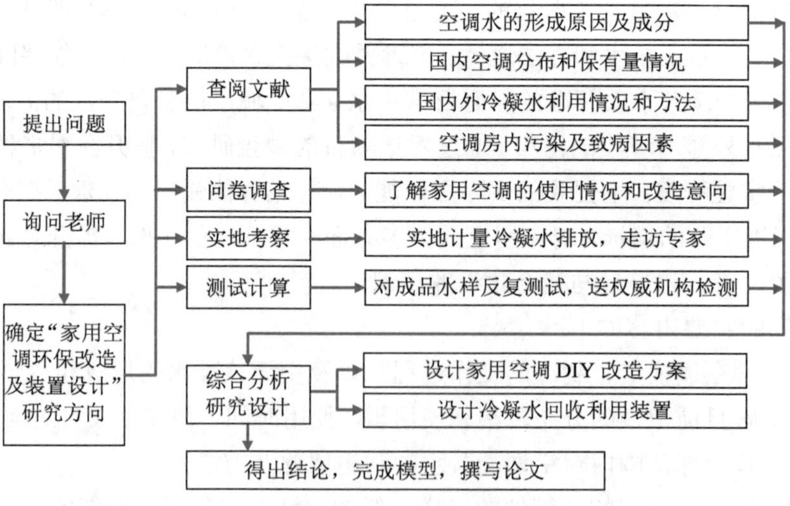

图 3.1.3.1　研究流程

四、研究结果与讨论

（一）研究结果

1. 查阅资料结果

（1）通过查阅文献，我了解到：空调室内机通过风轮将室内热潮湿空气吸入空调内部，经过冷凝器进行换热冷却除湿空气，因空调室内机冷凝器壁面温度低于室内空气露点温度，室内空气所含的水蒸气就会在空调冷凝器壁面结露，当露珠增大到一定程度会滑落到冷凝器下方的冷凝水盘，从而形成冷凝水，再通过排水管排出机外；换热除湿后的空气变得低温干燥，再通过出风口排到室内，达到降低室温、降低室内湿度的效果。空调冷凝水主要是由空气中的水蒸气凝结形成的，是中性软水，但由于空气中含有许多灰尘、细菌等有害物质，在形成冷凝水的同时，会将这些有害物质带入水中。空调房间内的空气无法流通更新，细菌、病毒等有害物质会大量滋生，使得长期处于空调房间的人容易患上“空调病”。

（2）随着我国经济的不断发展和人民生活水平的日益提高，以及全球气候不断变暖，空调已在我国各地普及，以北京、上海、广州 3 个城市为例，表 3.1.3.1。

表 3.1.3.1　北京、上海、广州空调使用量

城市	家庭量/万户	保有量/（台/百户）	单台空调制冷量/（瓦/户）	每户使用时长/h
北京	940.08	190	1.5 匹≈3 500W	1 200
上海	941.84	205	2 匹≈4 600W	1 800
广州	487.76	248	2.5 匹≈5 800W	3 360

（3）通过查阅资料，了解到世界各地利用空调水的方法，具体如下：

A. 中国大陆——居民家浇花、拖地、冲厕所；

B. 美国——圣安东尼奥市，必须设计专用排水管道，收集起来统一处理；

C. 日本——收集再循环用于空调室外机的散热器降温，节电；

D. 巴林——地处严重缺水的中东地区，收集全部冷凝水用于市政卫生及农田灌溉；

E. 中国香港——严禁空调水外排，否则罚款 10 000 港元。

2. 调查问卷结果

问卷有 10 道题目，主要涉及空调的使用区域、受访人家中或单位使用家用空调的基本情况，大致统计了家用空调的数量、功率、使用时间，着重调查了空调水的使用及排放情况，最后了解受访者对空调改造的想法。问卷的统计结果如下：

（1）调查问卷涵盖全国 28 个省（自治区、直辖市），说明空调的使用基本遍布全国。

（2）通过第二至第六题，我了解到，中国北方的大部分地区空调保有量较低，每户平均 1 台，运行时间短，空调多以 1.5 匹及以下为主；长江流域使用空调将近半年；南方大部分地区普遍使用，西南边陲的家用空调主要用于营业场所，南方特有的高温高湿气候，每年使用时间超过 7 个月，降温和除湿是必备功能（表 3.1.3.2）。

表 3.1.3.2　空调保有量及使用规律

区域	空调平均保有量/（台/户）	平均运行时间/d	平均运行功率/（匹/台）
中国北方大部分地区	1	100	1.5
长江流域附近地区	1.9	150	2
中国南方大部分地区	2.8	210	2.5

（3）近九成的受访者表示，空调房间内温度和湿度适宜，但空气流通性差，多数人担心长期处在空调房间内容易患上“空调病”或呼吸道疾病。如果空调能够有效地净化空气，减少细菌、病毒和 $PM_{2.5}$，大家都愿意接受空调改造。

（4）根据问卷调查显示，近六成受访者没有收集利用空调冷凝水，而是将水放掉，其余受访者利用冷凝水浇花、拖地或冲厕所，很少人考虑环境污染问题，也不愿意花过多的资金对空调进行改造。

为得到更有效的反馈，我在实地问卷调查时，现场询问了很多受访者，大家均感到空调的冷凝水会有大量细菌和颗粒物残留，不可能符合饮用标准。当被问及是否愿意花费少量金钱对空调进行改造时，多数受访者表示如果能够达到饮用标准，同时不用花太多的精力和金钱，他们都愿意尝试，也愿意为保护环境做出贡献。

3. 现场实地考察结果

为了考察空调在我国南北方的实际分布和使用情况，我利用暑假，北至吉林省敦化市，包括天津市、河北邯郸市、山西长治市、陕西西安市，南至湖北武汉市，跨省、跨时间进行实地考察并计量。各地实测空调冷凝水水量如表 3.1.3.3 所示。

表 3.1.3.3　各地实测空调冷凝水水量

日期	城市	温度和湿度	地点	制冷量①/W	冷凝水②/（kg/h）	与标准值 0.37③ 对比
2018-07-20	武汉	41℃，80%	户部巷	4 600	4.9	1.07>
2018-08-06	敦化	29℃，60%	居民楼	3 500	3.1	0.87>
2018-08-08	梅河口	31℃，80%	酒店	2 300	2.7	1.16>
2018-08-11	天津	29℃，90%	酒店	4 600	6.0	1.31>
2018-08-14	邯郸	31℃，70%	医院	3 500	3.6	1.02>
2018-08-16	长治	33℃，90%	餐馆	3 500	4.6	1.31>
2018-08-22	西安	39℃，80%	居民楼	4 600	5.4	1.17>
2018-09-01	北京	28℃，70%	学校	7 600	7.8	1.02>

注：表中标准值 0.37 的计算过程如下。

① 以制冷量 1 000 W 估算，1 h 制冷量为：3 600 s×1 000 W=3 600 kJ;

② 按显热 75%、潜热 25%计算，潜热量为：3 600 kJ×25%=900 kJ;

③ 水在 15℃（空调口冷凝水的露点温度）时潜热为 2 466 KJ/kg，所以凝水量 G=900/2 466 ≈ 0.37 kg，也就是说，每小时 0.37 kg 水是 1 000 W 制冷功率下的最小出水量。

在拿到实测数据后，我带着设想咨询了北京市疾病预防控制中心学校卫生所的吕所长。首先，吕所长肯定了这个想法的可行性，同时认为空调水应该回收利用，这个想法非常好，既节约水资源，又减少空调水排放所造成环境污染。其次，他告诉我，空调的冷凝水通常含有大量菌落，如耐热大肠菌、大肠菌、霉菌、真菌等，从长期工作的经验看，菌落超标严重，可能不宜饮用；但是，这些菌落主要来源于空调冷凝器的细菌污染，这个项目必须严格控制水的菌落指标。最后，吕所长特别提醒我，他们工作中发现，部分空调水中会存在嗜肺军团菌，这种细菌对人体危害极大，绝对不能在空调水中出现。

关于空调水的水质结构，我找到了北京市环境保护科学研究院的李研究员。她告诉我，空调冷凝水 pH 应该呈中性，属中性软水。因为水来源于空气的受冷凝结，所以冷凝水的成分与空气成分密切相关，是否含有重金属，以及酸碱度，都跟空气环境有很大关联。另外，李研究员还讲到，软水是很珍贵的淡水资源，应用范围广泛，但制造成本高，尤其是中国北方地区的水质偏硬，将硬度高的水质软化达到软水标准需要投入许多的人力、物力。我的这个项目如果成功，就减小了淡水处理的压力，利国利民。

关于对水质进行检测的问题，两位专家一致认为从空调冷凝水的形成机制分析，其成分相较于河水、地下水等自来水的主要来源，成分简单，不用检验全部项目，主要检测致病菌和硬度等情况就可以了。

我受到了很大鼓励，在专家们的指导建议下，开始了具体实验过程。

4. 过滤装置与实验测试

（1）空气净化装置

根据专家提示，为防止空气中的细菌、$PM_{2.5}$ 等直接附着在冷凝器上，我选用了纳米级静电滤棉，直接黏附在原空调滤网前，在实现空气净化的同时，大大减少了冷凝器上细菌和重金属颗粒的密度，为水的来源提供首层防护。

（2）冷凝水净化消毒一体装置

我直接利用空调原有的出水口，插入 304 钢的转接头，转接至一根食品级硅胶软管，软管出口连接一支三重过滤器，完成冷凝水的取水和过滤。

再从过滤器出口将水导入食品级的 PC 储水桶（带出水龙头，并已安装潜水式紫外线灭菌消毒灯），可以在储水的同时，有效地杀灭细菌和微生物，以达到饮用水标准（图 3.1.3.2）。

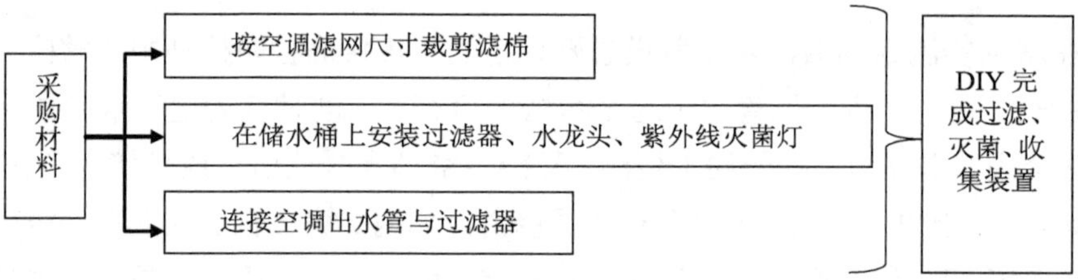

图 3.1.3.2　制作实验装置流程

（3）实验及测试

空调室内机的进风口是空气净化的关键，但原有的空调滤网是粗滤网，只能过滤大的颗粒物，细颗粒物（$PM_{2.5}$）、病毒、细菌不能滤除。我选取了 4 种市场常见的新风系统滤棉，比较各自的性能指标和检测报告，最终经过测试，选取了一种纳米级的静电滤棉，作为空调滤网的改造材料。这种滤棉采用静电过滤技术，在不影响空调进风量和噪声的前提下，黏附于原有粗滤网上，能够有效地净化空气，过滤掉 $PM_{2.5}$ 等细颗粒物。采用了纳米级纤维编织，可以有效杀灭细菌和病毒。

我购买了市场上常见的空调清洗剂（其主要成分为 0.1%的三氯生和 48%的乙醇），按说明书操作均匀喷涂在空调冷凝器上，静置 15 分钟后，打开空调制冷功能让脏水排出，随着制冷时间的增加，原先在冷凝器上的脏垢被空调水带了出来，还伴随着许多清洗剂残余，空气中也满是清洗剂的味道。又过了几小时，我目测冷凝水变得干净了，随即开启制水流程。

一段时间过后，冷凝水顺利地从空调出水口经过过滤器到达储水桶。蓄积一些水后，我发现水质浑浊，但没有黑色的脏垢。我想，这水肯定是不能饮用的，就直接倒掉了。后来又制了 6 瓶水，我发现水质依然浑浊，闻着还有空调清洗剂的味道，水肯定是不能喝的。看着这几次水样，我跟爸爸讨论原因，我们一致认为空调清洗剂中的三氯生成分性质稳定，不易分解，会长期附着在冷凝器上，并且滤水器不能过滤掉它，看来这台空调是不能制出可以饮用的水了。

总结了教训，我拎着整套装置，又换了家里的另一台空调实验。这次我用次氯酸钠稀释液喷涂空调冷凝器，经过一段时间的杀菌和净水冲洗，空调冷凝器看起来很干净，脏水也流光了，我开始重新制水。这次制水非常顺利，不久，干净透明的水就积满了储水桶。下一步是紫外线灭菌。两小时灭菌，把水里的细菌和病毒消灭干净。

在第一次取得成功后，我又带着装置到亲戚朋友家选用不同品牌、不同功率、不同地点的空调进行了试验，共取得 9 份水样，均取得了成功，都获得了清澈透明无异味的成品水样，证明了我设计的这套方案的可行性。

制作实验装置的流程见图 3.1.3.3。

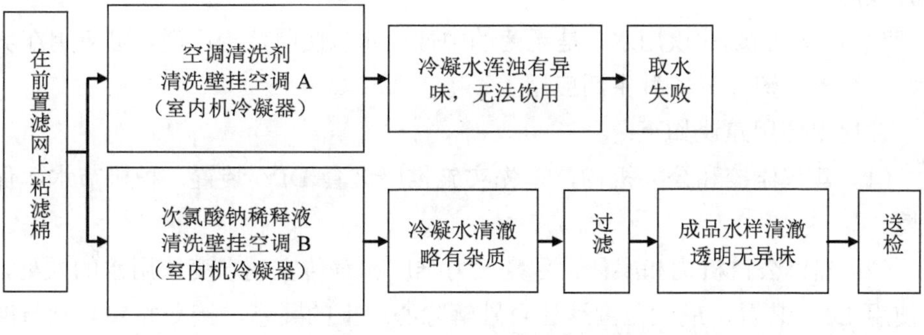

图 3.1.3.3 制作实验装置流程

（4）成品水样送权威检测机构

经过过滤和灭菌的水样，目测清澈透明，嗅闻无异味，可以送检了。我小心翼翼地从 9 份水样中随机选取 1 份，把水样封装好，送往中环华信环境检测（北京）有限公司进行检测。

（二）研究分析与讨论（略）

五、研究结论和建议

1. 我国空调保有量已经达到 5.4 亿台，保守估计每年产生的空调冷凝水数量将近 7 亿 t，空调冷凝水又是难得的中性软水，所以空调冷凝水已经成为一种重要的淡水资源，必须合理有效的加以利用。

2. 在调查中发现，我国大部分居民仍然会将空调冷凝水任意排放到室外，不但极大地浪费了淡水资源，而且直接排出的冷凝水含有大量的细菌和病毒，还会滋生大量的蚊虫，给环境带来二次污染，所以有效地回收冷凝水是非常必要的。

3．国内外现有的空调冷凝水回收利用技术难度大、成本高，不适合家用空调用户使用。

4. 根据调查和研究，我设计出一套有效的家用空调改造方案：

在家用空调冷凝器前置滤网上 DIY 加装纳米级静电滤棉，在有效净化空气的同时，最大限度地阻止细菌、军团菌、病毒和重金属颗粒附着在冷凝器上，减少“空调病”发生的诱因。

利用原有的空调出水口，随时接上 DIY 装置，可以有效地收集、过滤、灭菌空调冷凝水，使其成为符合国家标准的饮用水，并储存在自带龙头的储水桶内，随时取用。

我所过滤制成的饮用水，是无菌的中性软水，使用范围广泛，可应用在美容仪、加湿器、熨斗等各种生活应用上。

并提出应用建议如下：

（1）建议学校和公共机构，率先实施推广这套 DIY 装置，积极节水，保护环境。

（2）建议公益机构和媒体，尽量大力推广和宣传空调水变饮用水的益处，普及使用 DIY 装置，最大范围地让百姓解除心理上的疑惑，接受并参与到节能节水再循环利用活动中，为社会减轻负担，为保护地球做出贡献。

（3）建议相关设备厂家，多考虑社会效益，做最适宜家庭使用的、符合安全标准的、成本尽量低的产品，以满足广大用户的使用需求。

环保感悟：

炎热夏天的夜晚，楼上的空调水不停地拍打着我家的窗户，被吵得睡不着的我开始了天马行空的思考，空调水是不是一种淡水资源？有没有合理有效利用空调水的方法呢？与老师讨论后，我以此为课题开始了相关研究。

随着我研究的不断深入，我发现中国是一个极度缺水的国家，北京更是一个极度缺水的城市，北京目前的人均淡水资源只有 100 m^3，大大低于国际公认的人均 1 000 m^3 的缺水警戒线，所以如何节约每一滴水，如何合理利用每一种淡水资源已经到了刻不容缓的时候。空调冷凝水作为一种数量巨大的淡水资源，多年以来由于人们对其成分的怀疑和误解，一直没有得到有效合理的利用，这是一种对水资源的极大浪费，有效合理地利用空调冷凝水也是积极响应我国建设“节水型社会”的号召，是非常有利于我国绿色环保建设的。

水是生命之源，生命是珍贵的，水就越发重要，而水资源却是有限的。俗话说“但存方寸地，留与子孙耕”，而我要呼吁大家“但存点滴水，留与子孙饮”！

我们小学生虽然各种专业知识还不够丰富，但我们有活跃的思维、灵活的头脑，我们有为祖国建设贡献自己微薄力量的想法和决心，我们有着对社会和国家的强烈责任感，我们一定可以为我国甚至全世界的绿色环保事业尽自己的一份力！

专家点评：

《家用空调环保变形记》的小作者刘昶黎在王喆老师的精心辅导和家长的配合下，完成了看似很小但意义较大的环保研究项目。为什么看似很小？因为科技发展很快的今天，家家拥有空调并非难事，夏季使用空调也习以为常，空调产生一点冷凝水也很正常。但作者认为，中国是极度缺水的国家，北京更是极度缺水的城市，节约用水应当根植于每一个人的头脑中，更应当落实在每一项行动上。空调冷凝水表面上看似不多，但统计起来真不少，联系环境保护问题则更大，实在要让人们积极行动起来，让环保行为不仅仅停留在口号、宣传上，而是落实在每一件小事上。

作者非常细致地运用了文献、问卷、统计等研究方法开展研究，特别是他采用的试验测试法很有创意。他设计了空调改造方案，组装实物模型，还反复试验测试，制作出成品饮用水，送权威机构检测。让我们看到一个小学生对环保问题的持久坚持与精准研究，看到了通过环保项目的研究能够培养孩子们热爱科学、乐于探究、勇于创新、积极实践的精神。希望有更多的孩子参与到对环保问题的探究活动中来，更希望在他们未来的世界天蓝、水清、家美！

3.1.4 《北京城区微型湖心岛鸳鸯种群调查及巢内孵化行为观察》

作　　者：唐近豪（初中二年级）

辅导教师：岳颖、卓小利

完成时间：2017 年

获奖情况：2017 年初中组一等奖

一、研究背景

鸳鸯色彩艳丽，在中国的传统文化中是爱情与美好生活的象征。那么鸳鸯能否在北京繁殖？鸳鸯如何繁殖？为了解开这些谜团，也为了能够更好地保护鸳鸯这一物种，我在老师的帮助下开展了此次研究。

二、研究地点和方法

1. 研究地点：本次研究围绕北京龙潭西湖公园的湖心岛展开。

2. 研究方法及器材

（1）文献检索

通过查阅文献资料，针对鸳鸯的外形特征、生活习性、分布、生长繁殖等内容进行详细的了解。

（2）实地观察：2016 年 10 月至 2017 年 10 月使用望远镜在龙潭西湖观察、拍摄记录鸳鸯的数量与行为。

（3）访谈：向龙潭西湖公园的工作人员咨询，了解以往公园内的鸳鸯繁殖情况。

（4）制作和悬挂智能监控人工鸳鸯巢箱：2017 年 3 月初，在龙潭西湖公园湖心岛悬挂人工巢箱。巢箱顶安装摄像头，并可将图像传送到手机上，对鸳鸯在巢中的行为进行 24 小时不间断观察和记录。

（5）人工招引实验：安装鸳鸯巢箱 6 个，并分阶段向巢箱内添加了巢材。

（6）数理统计分析：分析园区全年野生鸳鸯的数量变化，对成功招引鸳鸯繁殖的两个巢箱进行行为分析。

三、研究结果及分析

1. 龙潭西湖公园鸳鸯种群结构

通过对龙潭西湖公园鸳鸯调查发现，冬季观测到鸳鸯数量最多，为越冬种群；春季有部分鸳鸯个体被观测到；夏季有少量鸳鸯仍居留此地；从 8 月末到 9 月中旬未观察到鸳鸯，分析可能在此繁殖的种群已陆续离开，而从北方迁徙到本地的种群还未到达。推测鸳鸯繁殖地与越冬地的选择方面出现种群分化。龙潭西湖公园的鸳鸯大体可分为三个种群：冬候鸟、旅鸟、夏候鸟。

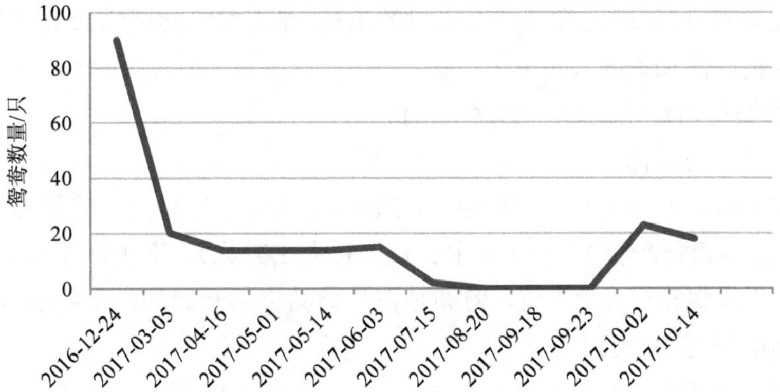

图 3.1.4.1　龙潭西湖公园鸳鸯种群数量变化趋势

2. 鸳鸯繁殖前期行为观察

冬季鸳鸯通常在冰面上休息，或在未冰封的水面上游弋、觅食。2017 年 1 月 12 日观测记录到了鸳鸯的求偶行为。

3. 鸳鸯择巢期观察以及人工巢箱招引实验

（1）微型湖心岛设置智能监测人工巢箱招引鸳鸯的研究

2 月 28 日在湖心岛安装了 6 个巢箱，分别设置了从 0～4 m 的高度区间，设置了东、南、西南及东南 4 个朝向（表 3.1.4.1）。

表 3.1.4.1　巢箱悬挂条件及招引效果

巢箱号	树号	树与水面距离/m	距地面高度/m	朝向	无巢材期巡视情况（3 月 11 日—4 月 13 日）	有巢材期巡视情况（4 月 14 日后）	入住情况
1	1	1.5	4	东南	有	有	无
2	1	1.5	4	东	无	有	有
3	1	1.5	0	东	无	无	无
4	2	1	4	东南	无	无	无
5	3	2	1.5	南	无	无	无
6	3	2	4	西南	无	有	有

通过摄像头记录发现，6 个鸳鸯人工巢箱有一半被巡视，2 个被选中入住繁殖，入住率达到 33.3%。此外，鸳鸯偏好高处的巢箱和有巢材的巢箱，而位于较低处的巢箱均未观测到鸳鸯。

（2）巢内添加物对鸳鸯择巢取向的影响

通过观察发现，雌鸳鸯偏好有巢材的巢箱。雌鸳鸯除会用喙薅取胸部绒羽外，未见向巢箱内添加其他巢材。

4. 鸳鸯巢内孵化期行为观察与分析

（1）产卵与孵化

雌鸳鸯每日产卵 1 枚，卵白色、无斑点、圆形。2 号巢箱的雌鸳鸯产卵 7 枚，6 号巢箱的雌鸳鸯产卵 10 枚（其中 3 枚进行人工孵化）、寄生卵 1 枚、人工添加卵 1 枚，平均每箱产卵 9.5 枚。孵卵是在产卵结束后开始的，全部由雌性鸳鸯承担，孵卵期长达 28 天。

观察的两窝卵，2 号巢箱孵化失败，6 号巢箱孵化成功 6 枚卵，人工孵化成功 3 枚卵，平均孵化率为 47%。

（2）雌鸳鸯在巢时间的统计

根据对 6 号巢箱连续 30 天不间断观察记录，我发现鸳鸯在孵化期大部分时间是在巢内停留，平均每天在巢内时间为 20 小时 25 分钟，早晚外出觅食。

通过观察我发现，雌鸳鸯在巢时长与当日气温有负相关性，即温度越高，在巢时间越短（图 3.1.4.2）。

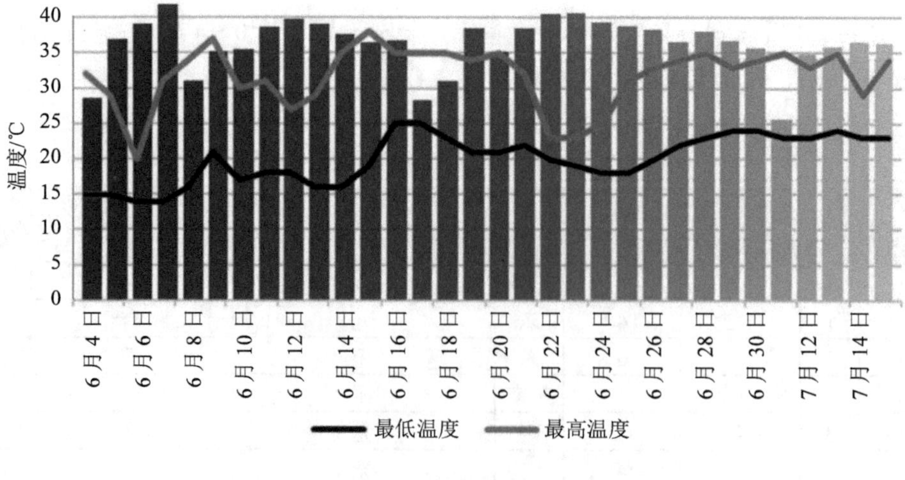

图 3.1.4.2　雌鸳鸯在巢时间与气温的关系

（3）在巢行为

根据对2号巢箱和6号巢箱两只雌鸳鸯孵化期在巢时段行为进行观察、分析，主要有以下几种行为：卧孵、睡眠、梳理羽毛、翻卵、整理巢材、警戒、取食等行为。

5. 孵化期特殊行为发现及对孵化成功率的影响分析

（1）种内巢寄生现象的观察与添加卵实验

根据查阅相关资料，鸳鸯具有明显的种内巢寄生行为，此次在观测中摄像头记录到了巢寄生现象：6月6日早上5：27—5：32另一只雌鸳鸯进入6号巢箱，并与6号巢箱内的雌鸳鸯发生激烈打斗，入侵鸳鸯成功占领巢穴，并产卵一枚。

6月9日2号巢箱中发现一枚弃卵，将弃卵放入6号巢箱，6号巢箱的雌鸳鸯并未拒绝该枚鸳鸯卵，从另一个角度验证了鸳鸯这一物种存在种内巢寄生现象。

（2）孵化失败及原因分析

鸳鸯孵化率较低，其中弃巢行为是导致孵化率低的一个因素，在对弃卵胚胎进行解剖检查中发现2号巢箱内的卵发育约为20天，已初具小鸳鸯形态。推断可能是胚胎本身的问题，也可能是雌鸳鸯是新手妈妈，经验不足，孵化温度控制不好导致胚胎发育停止。

（3）发现外敌入侵现象及其对鸳鸯繁殖率的影响分析

通过摄像头还记录到了乌鸦进入巢箱偷蛋的画面。此外，蛇、鼠等外敌在鸳鸯孵化期内入侵，以及鸳鸯幼体被夜鹭捉食也是鸳鸯繁殖率低的影响因素。

6. 雏鸟出巢期行为观察

在对6号巢箱进行了30余天的连续监控拍摄后，雌鸳鸯最终成功孵化了6只小鸳鸯。7月7日早上6点22分小鸳鸯陆续离巢，整个过程不超过5分钟。

7. 人工孵化方式提升鸳鸯繁殖率的探索

为提高鸳鸯的繁殖率，我将3枚卵送到北京市野生动物救护中心进行了人工孵化，对蛋进行照蛋、消毒和孵化工作。三枚卵全部孵化成功，孵化率达100%。适当取卵进行人工孵化，对鸳鸯的种群扩大有一定帮助。

四、结论

1. 明确北京地区的鸳鸯种群结构，证明了鸳鸯夏候鸟种群的存在。

鸳鸯冬季在龙潭西湖公园集大群越冬，冬末部分迁徙离开；春秋两季有迁徙的种群在此稍作停留；夏季则有少量个体进行繁殖，这说明龙潭西湖公园的野生鸳鸯至少有冬候鸟、旅鸟和夏候鸟 3 个种群。

2. 人工巢箱有利于鸳鸯的招引与繁殖

通过安装人工巢箱可以为野生鸳鸯提供繁殖场所，成功实现野生鸳鸯的招引与繁殖，在鸳鸯保护方面发挥重要的作用。

3. 人工孵化可提高野生鸳鸯繁殖成功率

通过野外取卵并进行人工孵化的方式，在提高鸳鸯的繁殖成功率方面有很大的可行性。

五、建议

1. 充分发挥人工巢箱在公园科普宣传中的功能作用，提升宣传力度和趣味性

建议在城市公园内加大有针对性的科普宣传，增加人们爱鸟护鸟意识。同时建议改变以往传统的图片展示宣传方式，充分发挥人工巢箱的优势和作用，借助现代科技手段，可以设置展示屏，实时展示鸟类行为视频。

2. 建议城市公园优化湖心岛微生态建设，使其发挥美化景观和保护鸟类双功能

城市公园的微型湖心岛在丰富城区景观多样性及保护鸟类资源等方面发挥着重要的作用，建议加强湖心岛的生态保育，为鸟类提供栖息和繁殖场所。

环保感悟：

始于兴趣，持久观察——探究都市野生鸳鸯

我从小就对野生动物，特别是鸟类有浓厚的兴趣。通过长期对北京城区野生鸟类的观察，我发现公园湖心岛可能成为鸳鸯栖息和繁殖的理想场所。为了求证对鸳鸯生活和繁殖的多个猜想和疑问，在老师的帮助下，我选取了龙潭西湖公园湖心岛作为研究地点，对野生鸳鸯进行了为期 12 个月的观测研究。

为了获取全面的资料，我设计制作了带有内置摄像头的智能监控人工巢箱，先后将 6 个巢箱按照不同朝向、不同高度以及不同内置添加物进行悬挂。从 2016 年 10 月开始，结果发现鸳鸯对巢穴的需求强烈，北京城区缺少天然树洞为鸳鸯筑巢所用。如果充分发挥城市公园湖心岛微生态功能，因“鸟”制宜，增加人工巢箱，可实现美化景观和鸳鸯招引保护的双重功效。在研究的过程中，我幸运地记录到了鸳鸯种内巢寄生现象、弃巢现象和外敌入侵现象等一系列宝贵的视频资料，这让我对鸳鸯这一美丽的物种有了全新的认识。

在此次研究中我记录了厚厚一本记录日志，付出了很多努力，我最大的梦想就是在鸟类学研究的道路上越飞越高，成为一名鸟类学家。

专家点评：

鸳鸯作为北京常见鸟类，深受人们喜爱，关注这一种群的生存状况和孵化行为，可以为更好地保护这一种群提供有益的数据，也为北京地区生物多样性保护提供更好的案例。作者唐近豪在岳颖、卓小利两位老师指导下完成的这一项目在全球都在提倡“生物多样性保护”的主题中有其独特意义。

该生用一整年的时间在北京龙潭西湖公园的湖心岛展开研究，采用文献法了解鸳鸯的外形特征、生活习性、分布、生长繁殖等知识；采用实地观察如实观察、拍摄记录鸳鸯的数量与行为；又访谈公园工作人员，咨询、了解以往公园内的鸳鸯繁殖情况；还制作和悬挂智能监控人工鸳鸯巢箱对鸳鸯在巢中的行为进行 24 小时不间断观察和记录，并设计和实施人工招引实验，整个研究过程科学合理，有思考有行动。该生是一名从小对野生动物感兴趣的学生，本研究的严谨、认真和持久，充分表现了“兴趣是最好的老师”，动物生态学研究非常适合青少年，但是高水平的生态学研究对于青少年也是不小的挑战，唐近豪同学历经春夏秋冬不间断地观察实验，并在每次观察和实验中都做翔实记录，是好的学习习惯养成的最佳方式，相信该生通过这一研究项目不仅了解了鸳鸯的生命奥秘而且对自己的未来也有了明晰的努力方向，更大的收获是一年多的努力会使他离自己的理想更近了，或者说他初步掌握了实现理想的能力！祝福他早日成为一名优秀的动物学家！

3.1.5 《北京大气细颗粒物（$PM_{2.5}$）中重金属浓度分布规律与汽车尾气排放关系的研究》

作　　者：陈明昊（初中三年级）

辅导教师：张亚、卓小利、黎刚

完成时间：2017 年

获奖情况：2017 年初中组一等奖

一、研究目的与意义

1. 研究目的

通过中国生态网络北京城市生态系统研究站所设立的采样点，2017 年 9—10 月对北京市海淀区、东城区以及昌平区采样点进行大气细颗粒物（$PM_{2.5}$）的采样，分析与认识大气细颗粒物（$PM_{2.5}$）中重金属的浓度水平及区域分布特征，初步探析重金属的污染来源，在全面认识大气细颗粒物（$PM_{2.5}$）中重金属的污染特征与来源的基础上，提供理论研究支持，为政府部门规划重金属污染的治理提供参考，进而为后续研究大气细颗粒物对健康的具体影响与流行病学研究提供基础。通过形成绿色环保的意识，为调整产业结构和布局，提高能源利用效率，发展清洁能源提供科学依据，为还北京一片蓝天做出自己的贡献。

2. 研究内容

（1）本研究于 2017 年 9—10 月采用 TH-100a 系列智能中流量总悬浮微粒采样器采集了北五环、东城区（南二环）以及昌平郊区（蟒山山顶）的 $PM_{2.5}$ 样本。

（2）通过中国科学院生态环境研究中心提供的 X 射线荧光光谱仪（XRF）对 $PM_{2.5}$ 中重金属元素含量进行测量。

（3）针对排放量较多、危害较大的 6 种重金属（Pb、As、Mn、Ni、Cu、Zn），研究其在 3 个不同采样点的浓度水平、探索不同重金属在不同区域上的分布特征，得到不同种类重金属的分布规律。对气流因素对重金属浓度可能造成的影响进行了初步的探讨。利用相关性分析和主成分分析（Principal Component Analysis，PCA）以及富集因子分析法，对大气细颗粒物（$PM_{2.5}$）中的重金属进行初步的源解析。

（4）利用元素比值法，对大气细颗粒物（$PM_{2.5}$）和机动车尾气进行谱源特征分析。

3. 技术路线

本研究设置了 3 个采样点，其中北五环和南二环为城区点位，昌平蟒山为郊区背景点。对采集的大气细颗粒物进行了 XRF 的仪器测试，将得到的结果进行分析。具体的技术路线略。

二、研究方法

1. 采样点设置以及采样设备、采样方法

本研究的 3 个采样点均为城市生态系统研究站的站点。设置这 3 个采样点的原因：蟒山山顶站，靠近十三陵水库，是北京城市区域的北边边界，是人为活动对环境存在较大影响的最北区域，一般作为背景点。北五环采样点，处于北四环与北五环中间区域，属于城乡接合部，也是城市建设快速发展的区域，存在大量的建筑工地，人为活动对环境的影响较为显著。南二环采样点，位于左安门内，毗邻龙潭湖公园，周边有北京最大的社区之一——方庄社区，同时靠近二环，属于城市核心区域。

3 个站点的设置是由东南（南二环）向西北（蟒山山顶）方向，与北京的季风方向保持一致。同时，北京南边区域存在一定的工业排放，季风可能会对污染源有一定的影响。

本实验使用武汉天虹仪器公司所生产的 T-100A 型大流量大气细颗粒物采样器进行样品采集。使用的采样膜为国产聚二氯乙烯膜，有机材质。

采样流程参照《环境空气颗粒物（PM_{10} 和 $PM_{2.5}$）采样器技术要求及检测方法》（HJ 93—2013），采样前先将滤膜边缘和表面的碎屑清除。有机滤膜放入烘箱烘干，温度为 70℃，烘烤时间为 4 小时。然后放在恒温（20℃左右）、恒湿（50%左右）的恒温恒湿箱中冷却、平衡 3 天。采用万分之一的电子天平称重，然后放入编有编号的滤膜盒中。样品采集具体操作如下：使用镊子将滤膜置于采样头里，固定好 $PM_{2.5}$ 的切割头，设定采样时间为 24 小时，采样速率为 100 L/min，采样循环次数为 1 次。参数设置好后，记录仪器上显示的现场大气压，环境温度等数据。全部工作完成后，开启采样器，开始采集大气颗粒物样品。样品采集结束后，使用镊子小心地取出采样头里的滤膜，并用铝箔对样品进行封存，带回实验室后置于恒温恒湿箱中平衡 3 天，称重，待分析。等待进行后续仪器分析。本项目在设置的 3 个采样点，连续采集了 38 天，共采集了 114 个样品。

2. 检测方法的确定（略）

3. 分析方法与元素的确定（略）

三、研究结果与讨论

1. $PM_{2.5}$的扫描电镜结果

使用扫描电子显微镜对采集的细颗粒物样品（$PM_{2.5}$）进行了初步分析，从观察的结果来看，采集的样品膜表面较为平整，符合 XRF 测试要求。同时观察到 $PM_{2.5}$形态各异，有些呈现圆球状，有些呈现针尖状，触目惊心。我们也拍摄了一些 $PM_{2.5}$的照片，具体见图 3.1.5.1。

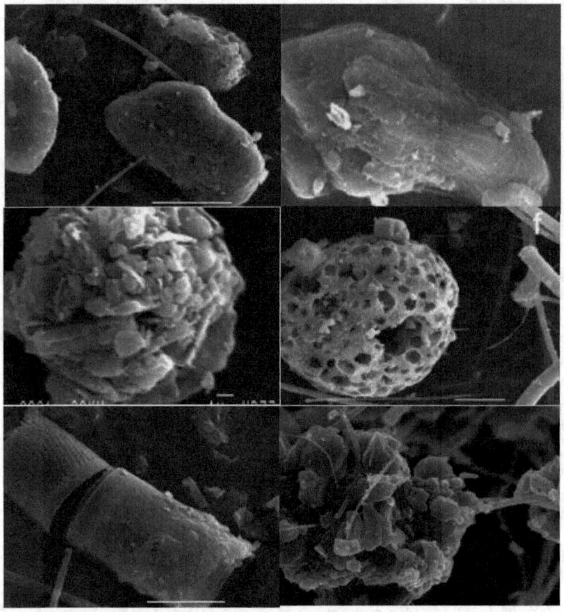

图 3.1.5.1 电子显微镜下的 $PM_{2.5}$

2. 重金属元素的分布规律

对 3 个采样点采集的 114 个滤膜样品首先进行了剪裁，剪出适合 XRF 仪器分析的样品大小。6 种目标重金属元素的浓度水平在 3 个采样点中具有相似的规律，各元素平均浓度从高到低，依次为 Zn＞Mn＞Pb＞Cu＞Ni＞As。

（1）东城南二环采样点重金属浓度

Zn 元素的浓度范围在 221.3～398.6 ng/m^3，平均浓度为 304.2 ng/m^3，浓度最大值出现在 9 月 17 日。Cu 元素的浓度范围在 12.8～36.2 ng/m^3，平均浓度为

22.59 ng/m^3，浓度最大值出现在 9 月 23 日。Mn 元素的浓度范围在 43.7～121.3 ng/m^3，平均浓度为 85.12 ng/m^3，浓度最大值出现在 9 月 23 日。Ni 元素的浓度范围在 2.8～27.8 ng/m^3，平均浓度为 13.67 ng/m^3，浓度最大值出现在 9 月 25 日。As 元素的浓度范围在 2.3～9.2 ng/m^3，平均浓度为 6.02 ng/m^3，浓度最大值出现在 9 月 30 日。Pb 元素的浓度范围在 19.8～99.2 ng/m^3，平均浓度为 66.33 ng/m^3，浓度最大值出现在 9 月 13 日。

（2）北五环采样点重金属浓度

Zn 元素的浓度范围在 234.7～402.1 ng/m^3，平均浓度为 324.5 ng/m^3，浓度最大值出现在 9 月 13 日。Cu 元素的浓度范围在 12.8～28.6 ng/m^3，平均浓度为 21.87 ng/m^3，浓度最大值出现在 9 月 10 日。Mn 元素的浓度范围在 33.7～132.4 ng/m^3，平均浓度为 85.95 ng/m^3，浓度最大值出现在 9 月 1 日。Ni 元素浓度的范围在 2.9～29.7 ng/m^3，平均浓度为 14.24 ng/m^3，浓度最大值出现在 9 月 23 日。As 元素的浓度范围在 2.2～9.5 ng/m^3，平均浓度为 6.82 ng/m^3，浓度最大值出现在 9 月 16 日。Pb 元素的浓度范围在 36.9～106.1 ng/m^3，平均浓度为 62.58 ng/m^3，浓度最大值出现在 9 月 17 日。

（3）昌平郊区采样点重金属浓度

Zn 元素的浓度范围在 210.3～333.5 ng/m^3，平均浓度为 281.8 ng/m^3，浓度最大值出现在 9 月 27 日。Cu 元素的浓度范围在 8.2～21.7 ng/m^3，平均浓度为 15.49 ng/m^3，浓度最大值出现在 9 月 23 日。Mn 元素的浓度范围在 29.8～104.3 ng/m^3，平均浓度为 66.28 ng/m^3，浓度最大值出现在 9 月 21 日。Ni 元素的浓度范围在 1.7～14.2 ng/m^3，平均浓度为 7.62 ng/m^3，浓度最大值出现在 9 月 1 日。As 元素的浓度范围在 0.9～7.2 ng/m^3，平均浓度为 3.51 ng/m^3，浓度最大值出现在 9 月 24 日。Pb 元素的浓度范围在 24.3～79.2 ng/m^3，平均浓度为 51.28 ng/m^3，浓度最大值出现在 9 月 23 日。

（4）重金属浓度与标准值的比较

3 个采样点的重金属元素浓度相比《环境空气质量标准》（GB 3095—2012）中标准限值，Pb 的质量浓度低于标准限值（500 ng/m^3）；As 的平均质量浓度在南二环（6.02 ng/m^3）和北五环（6.82 ng/m^3）均超过了 WHO 中 As 的浓度限值（6 ng/m^3）和我国空气质量标准 As 浓度限值（6 ng/m^3）。昌平蟒山（3.51 ng/m^3）虽然其平均浓度没有超过标准值，但个别天气条件下 As 浓度也超过了限定值，存在一定的暴露风险。

（5）重金属分布规律

结果显示，城区两个采样点的 6 种重金属平均浓度均超过郊区蟒山采样点的浓度，显示出城区大于郊区的规律性，类似的发现在对其他大气污染物（NO、NO_2、SO_2、CO 等）研究中也有相关报道。

另外，周雪明等利用 ICP-MS 仪器分析了 2011 年北京大气 $PM_{2.5}$ 中重金属浓度，其中 Zn、Pb、Mn、Cu 和 As 的平均质量浓度分别为（331.30±254.52）ng/m^3、（212.64±182.06）ng/m^3、（85.96±47.00）ng/m^3、（45.19±27.74）ng/m^3 和（17.13±19.02）ng/m^3。我的研究结果与之相比大部分元素浓度相近，Pb 浓度有所降低。

3. 气流传输可能造成的影响

通过使用美国国家海洋和大气管理局大气资源实验室开发的软件 HYSPLIT，对 9 月北京地区的气流情况进行了轨迹模拟，通过分析得出，北京地区 9 月主要为偏南风向，由于处于北京南边的河北省区域存在一些工厂排放源，可能会造成部分重金属随着气流方向飘入样品采集点。从地图上看，南二环采样点位于北京城市东南方向，受到气流的影响可能会较大，北五环采样点位于北京城西北方向，受到的影响可能会稍小些。这也与重金属浓度由南向北依次递减的结果相一致。气流作为重金属来源的贡献率，需要后续更深入的工作来探讨。

4. 重金属来源解析

近年来我国城市机动车保有量持续高速增长，机动车已经成为各大城市 $PM_{2.5}$ 最主要的排放来源之一。为了了解汽车尾气中重金属元素的状况，本项目自行设计了一套尾气采集装备，利用 PVC 软管，连接汽车尾气管和加工制备的圆锥形硬塑料罩。将采样器置于塑料罩中，采集机动车尾气样品进行测定。由于该采集装备无法挪动，本研究仅模拟了机动车待车车况，并假定为机动车尾气排放工况。设置采样速率为 100 L/min，采集时间为 3 小时，共采集 18 m^3 汽车尾气，本实验共采集了 4 台小客车尾气滤膜样品，通过 XRF 对样品进行了元素含量分析。

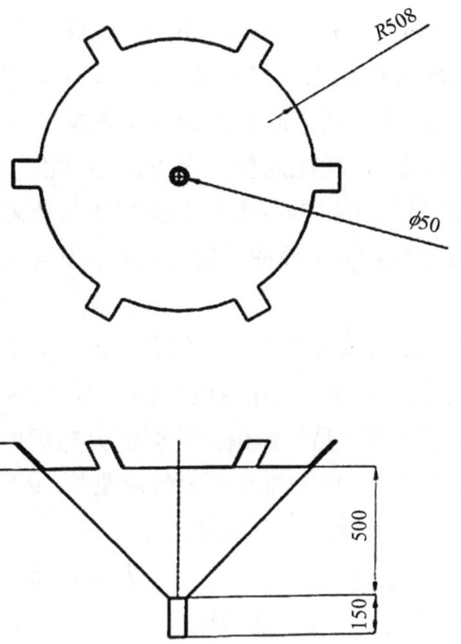

图 3.1.5.2　机动车尾气采集设备设计图

在大气颗粒物来源解析中，元素比值经常被用来作为判断颗粒来源和当地源谱特征的依据。本项目总结了 4 台不同机动车（分别标记为 1、2、3、4）的尾气成分，采用 Cu/Zn、Ni/Pb、As/Mn 比值法进行分析。具体结果见表 3.1.5.1。

表 3.1.5.1　重金属比值结果

	生态中心	南二环	蟒山	1	2	3	4
Cu/Zn	0.074	0.067	0.055	0.227 8	0.202 3	0.179 1	0.164 4
Ni/Pb	0.206	0.228	0.149	0.224 2	0.058 3	0.135 6	0.157 3
As/Mn	0.071	0.079	0.053	0.001 7	0.001 2	0.000 9	0.007 1

从结果可知，不同重金属的平均比值在 3 个采样点都处于同一水平，其中 Cu/Zn 比值在北五环、南二环、蟒山 3 个采样点分别为 1.658、1.537、2.034。Ni/Pb 在 3 个采样点分别为 4.585、5.185、5.495，As/Mn 分别为 0.441、0.479、0.461。这说明 3 个采样点的六种重金属的主要来源可能是一致的，这与前面章

节的分析结果相吻合。3 个采样点的重金属比值和采集的汽车尾气颗粒物上重金属比值对比发现，4 台机动车尾气样品中 Ni/Pb 的比值和 3 个采样点的比值较为接近，北五环和南二环采样点与 1 号机动车的 Ni/Pb 比值基本一致，说明 Ni 和 Pb 在生态中心采样点，其主要来源应该为机动车尾气排放，而机动车对 Cu 和 Zn 的排放主要来源于刹车、轮胎磨损，所以在尾气里，其比值相差较大。尾气中其他元素的比值和采样点的 $PM_{2.5}$ 中的重金属比值相差较大，可能除了机动车尾气排放外，其他污染源对重金属的浓度也有较大影响。

四、研究结论

（1）目标重金属在北京地区的 3 个大气采样地点均显示出相似的规律，各元素平均浓度从高到低依次为 Zn＞Mn＞Pb＞Cu＞Ni＞As，空间分布特征为：南二环采样点≥北五环采样点≥昌平蟒山。这样的分布规律可能与北京的气流方向以及人为活动等因素有关，同时也与其他大气污染物的分布特征一致。时间分布：周末≥工作日，这可能与北京的人为活动因素有关。

（2）北京地区的 $PM_{2.5}$ 中目标重金属浓度大多数都没有超过《环境空气质量标准》（GB 3059—2012）以及 WHO 的标准，但 As 元素在城区两个采样点的平均浓度已超过 6 ng/m^3 的限定值，在昌平蟒山的采样点虽然平均浓度没有超过限定值，但个别天气也已接近或超过限定值，污染情况不容忽视。

（3）对北京地区的 3 个采样点的 6 种目标重金属进行主成分分析，判断其主要来源，发现 3 个采样点的 6 种重金属来源主要是燃煤燃烧，以及机动车排放和扬尘，其中北五环采样点和蟒山机动车排放源占比较大，南二环采样点受气流因素的影响可能会更大些。

（4）通过比值法进行重金属来源分析，发现 Ni/Pb 的比值在尾气和 3 个采样点的 $PM_{2.5}$ 中基本一致，说明 Ni 和 Pb 的主要来源可能为机动车的尾气排放；尾气中其他元素的比值和采样点的 $PM_{2.5}$ 中的重金属比值相差较大，这可能是由燃煤等其他污染源造成的。

环保感悟：

绿色家园中国梦

近三年来，我都在密切关注全国的空气质量信息。沐浴在北京冬日清新的阳光里，我欣喜地看见，“大气十条”已经超额完成任务，被认为不可能实现的“京 60”目标也圆满达成，持续不断的环保督查效果显现，蓝天保卫战形势越来越好。

看来，“绿水青山就是金山银山”的理念更加深入人心，科学治霾的理念更加深入人心，一剂剂药方终于初步见效。从悲观失望到看见希望，再到充满喜悦，我的心情也像这通透的阳光和空气，清朗无比。冰冻三尺非一日之寒，大气污染就像一个患者，要中西医结合疗法，精准检测、靶向治疗、科学调理。治霾是持久战，药方对症很重要。绿水青山需要我们每个人身体力行去保护，我为自己的一个小小课题得到了这么高的认可而感到自豪，为自己能为首都的“蓝天保卫战”尽一个公民的义务而欣慰。其实，我做的这点小研究还很浅薄，这点绵薄之力微不足道，只是为了多唤醒一点大家的环保意识，因为这是我们共同的家园，这是我们共同的中国梦。

科学治霾需要雷霆手段，更需要科技利器。现在的大数据越来越丰富，越来越精准，什么病开什么药，不管是空气、水、土壤还是垃圾污染，监测手段越来越先进，治理方法越来越完善。我只是个刚入门的“环保小卫士”，值得我学习和探索的未知领域太多太广，但是我有信心继续做点力所能及的事，我更对人与自然的和谐共处充满了憧憬。我们的祖先早就提出了“天人合一”的思想，这就是我们中华民族绿色家园的中国梦，是我们世世代代要坚守和担负的责任。

专家点评：

近十年来，北京 $PM_{2.5}$ 的浓度一直是所有城市居民非常关注的热点环境问题，百姓的日常生活和身体健康都与 $PM_{2.5}$ 息息相关。同样，重金属污染也是自然环境中危害较大的污染物质，其广泛存在于大气、水体、土壤和生物体内，由于其不能被生物降解，又具有生物积累性，因此对高等生物包括人类有更加直接的威胁。

由于北京地区人口众多，汽车保有量大，汽车尾气是公认的大气污染的主要来源之一，因此本研究聚焦在 $PM_{2.5}$ 中重金属含量分布与汽车尾气的关系，一下子抓住了城市大气污染来源以及大气污染中对人体健康威胁最大的物质这两个关键要点，使研究题目本身更加贴近生活和实际，也对改善城市大气保护健康有更直接的意义。

作者在研究过程中采用了非常专业的研究方法，比如文献研究法、实地采样法、定量分析法、对比研究法等，使用的仪器设备也是科研级的专业设备，特别是在使用了扫描电镜和电感耦合等离子体质谱（ICP-MS）这类大型仪器的基础上，还使用了 HYSPLIT 软件对城区大气状况进行分析，使分析结果有很高的可信度。

在研究过程中作者选取了 3 个采样点，两个在城区，一个在北郊，然而在南部郊区工厂较多的地区没有进行观测和采样，而南部工厂排放又是影响南部城区重金属浓度分布的一个重要原因，因此应当在后期的研究中予以弥补。

在北京常年汽车保有量居高不下的情况下，政府部门通过提高汽车排放标准，建立城市通风走廊，鼓励电动汽车等措施来降低 $PM_{2.5}$，本研究的方法对于监测 $PM_{2.5}$ 中重金属元素的动态分布和来源有很大帮助。

3.1.6 《关于有效降低汽车车内温度方法的探讨研究》

作　　者：兰尧丰（高中二年级）
辅导教师：顾晨、王文智、高颖
完成时间：2018 年
获奖情况：2018 年高中组一等奖

一、引言

随着中国经济的迅速发展，国内汽车保有量迅速增长。据国家统计局公布数据显示，自 2000 年起，我国民用汽车保有量由 1 609 万辆增长至 2.17 亿辆，平均每年增幅达到 16.6%。截至 2018 年，大概每 6 人就拥有一辆私家车，超过世界平均水平（每 7 人拥有一辆汽车）。汽车极大程度上提高了人们的生活质量，也使得越来越多的人购买并使用汽车。因此，如何使汽车车内环境更为舒适成为车主们普遍关心的问题。

其中一个问题受到车主们普遍关注：到夏季，车子免不了在室外长时间受太阳照射，如此一来，当车主们再回到车上时，车内闷热潮湿，如入蒸笼，使很多车主颇为苦恼。

据研究显示，汽车车内温度最高可以高达 55℃，而仪表盘表面温度更可以达到 73℃，这样的高温同样是一种安全隐患，因而解决这个问题非常必要。

该问题确有一些解决方法，比如许多驾驶员选择将汽车停放在室内停车场中。然而现在城市规划建设并没有在城市内设立足够多的室内停车场。实际上，直至现在停车场的数量依然不能很好地满足国内的停车需求，大约每 100 辆汽车只有 45 个停车位。加上很多室内停车场有一些缺点，如空间狭窄、光线昏暗、螺旋车道容易使驾驶员头晕等，驾驶员通常不偏向于将汽车停入室内停车场。所以尽管驾驶员希望将汽车停在室内停车场中，许多车辆大多被迫停在传统室外停车场中或路边，避免不了太阳的照射。因此，这个问题依旧困惑着许多车主。

本文旨在创建实验模型，通过模拟太阳光直射汽车的过程探究有效降低汽车车内温度的方法，为广大车主提供切实可行的建议。

二、实验系统及过程

之前也有文章研究过汽车车内温变特性，不过它们只针对汽车车内空调系统对于汽车温度变化的影响，即如何设计空调系统使汽车升至高温后更快速降温。但研究空调降温特性无法解决高温带来的安全隐患问题，而且其研究也多显示至少需要 20 分钟才能将车内温度降至适宜水平，这也没有根本改善驾驶员的体验。因而本实验希望直接测量不同情况下的汽车升温曲线以及其所能达到的最高温度，来判断分析如何能最有效地降低车内温度。

同时，多数论文都采用了实地测量的方法，使用真实的汽车直接面临太阳光的直射（图 3.1.6.1）。实地测量虽较为接近真实情况，但实地测量存在许多问题及不可控因素。例如，每次在同一地点测量时难以保证太阳光照强度一致，每次试验时也很难保证室外的温度一致，实验过程中较容易出现突发状况，影响实验等。因此实地测量会耗时较长，而且难以得出准确的结果。所以本实验采用了金属盒制作汽车模型，并用日光灯为光源，在室内进行太阳辐射加热汽车的实验。这样的实验方法测量结果较为准确，而且耗时较短，效率和准确性都会有所提升。

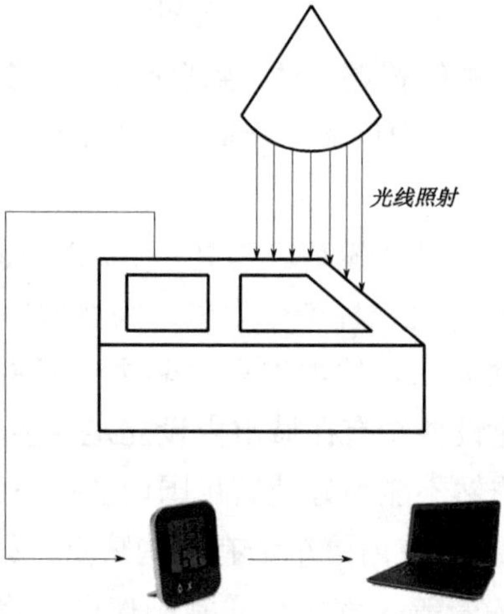

图 3.1.6.1　实验技术路线原理

本实验制作模型车时使用 200 mm×145 mm×82 mm 的分体式铝型材外壳机箱进行改装来模拟汽车。同时，车内还铺有一层人造皮革，来模拟车内座椅的吸热。在机箱的顶部靠近后侧玻璃处也加工出一小孔，并安装电子温度计探头以测量模型车内温度（图 3.1.6.2）。

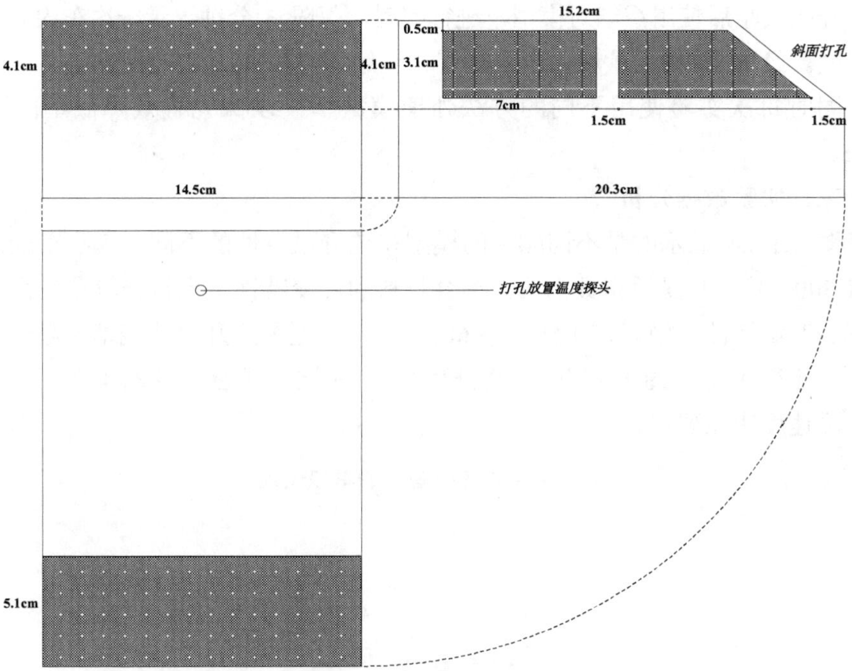

图 3.1.6.2　模型车三视图（阴影处表示玻璃）

实验所使用的人造光源是额定功率为 275 W 的浴霸，在开始实验前对浴霸的光谱与自然光的光谱进行了对比，发现两灯的光谱分布趋势大体相同，而且人造光源灯光的光谱分布连续，说明人造光源所发出的光与自然光相似，可作为实验光源（图 3.1.6.3）。

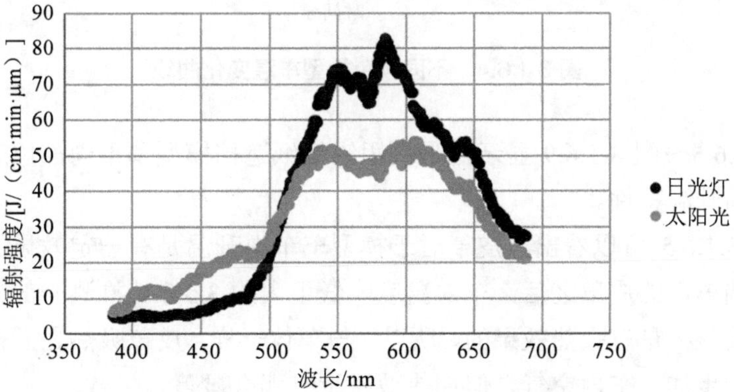

图 3.1.6.3　日光灯与太阳光光谱对照

开始实验后使用浴霸对模型车进行照射，每隔 3 分钟记录一次车内温度与车外温度。经过 20 次测量后关闭日光灯，继续再测量 20 次车内温度。

同时每次实验使用不同的方法处理模型车，以探究有效降低车内温度的方法。

三、实验数据分析

图 3.1.6.4 显示的是不同颜色的模型车的升温特性的不同。模型车的温度在 0～1 500 s 基本是呈负指数上升，符合材料的温变特性，也符合汽车在太阳光照射下的升温特性。同时在 1 500～3 600 s 后，模型车的升温曲线基本趋于线性。而且对于颜色不同的车来说，颜色较浅的车相比于颜色较深的车在 0～1 500 s 时升温速度明显要慢。

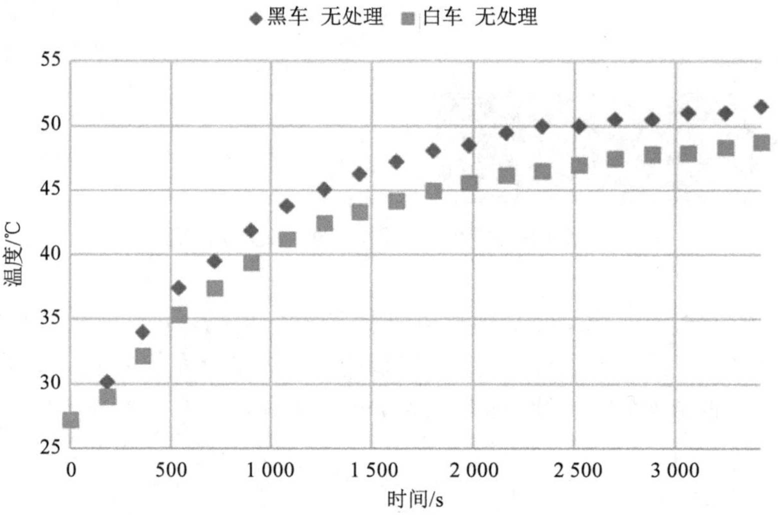

图 3.1.6.4 不同颜色模型车温变化曲线

图 3.1.6.5～图 3.1.6.9 显示的是利用锡箔纸遮挡模型车不同部位后，模型车显示的不同升温特性。

由图 3.1.6.5 可以看出，皮革对于模型车车内升温是有一定效果的。以白车为例，遮挡车内的皮革之后，车内温度降低了大约 3.5℃。推测一部分原因是由于车内皮质座椅是有吸热效果的，所以，与车体一样，皮革吸热之后也会再辐射热量，进一步加热车内空气，但加热效果没有那么显著。

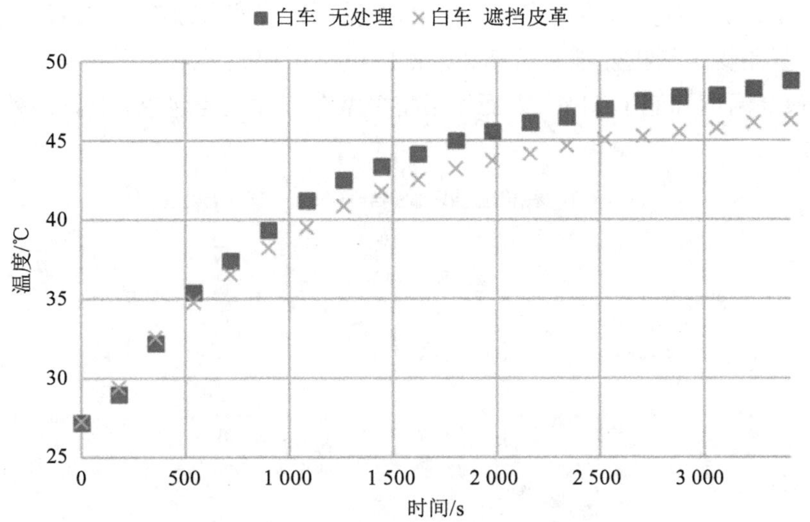

图 3.1.6.5 利用锡箔纸遮挡皮革与无处理模型车车内温度变化

由图 3.1.6.6 可以看出，模型车车体全部被锡箔纸包裹和模型车的顶部与挡风玻璃被锡箔纸遮挡两种情况下，其所能达到的最高温度相差不大，差距大约在 3.5℃。但通过锡箔纸包裹模型车车体来抑制模型车升温的效果还是相较于只遮挡模型车顶部与挡风玻璃的效果要好。

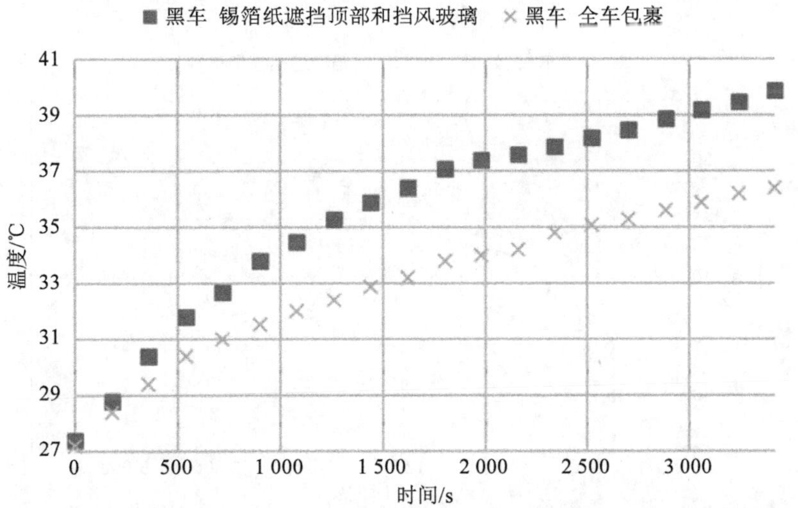

图 3.1.6.6 利用锡箔纸遮挡顶部和挡风玻璃与全车包裹模型车车内温度变化

图 3.1.6.7 体现了即便只用锡箔纸遮挡住挡风玻璃和顶部，其降温效果也非常明显。只用锡箔纸挡住挡风玻璃和顶部的模型车相比于未处理的模型车车内所达到的最高温度降低了 11.6℃，而如果将模型车车体全身包裹，其降温效果可以达到 15.1℃。

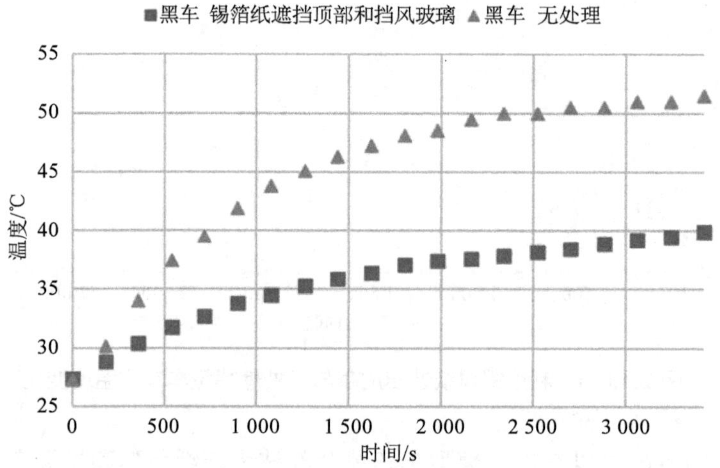

图 3.1.6.7 利用锡箔纸遮挡顶部和挡风玻璃与无处理模型车车内温度变化

图 3.1.6.8 体现出利用锡箔纸挡住模型车侧面无法有效地降低模型车车内温度。

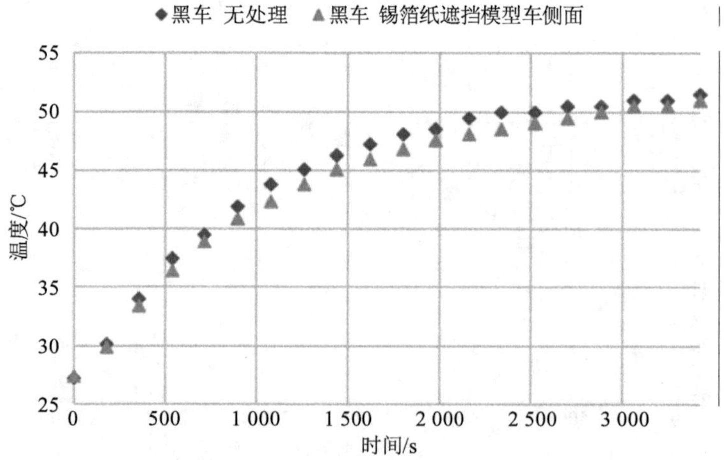

图 3.1.6.8 利用锡箔纸遮挡侧面与无处理模型车车内温度变化

图 3.1.6.9 体现出利用锡箔纸挡住模型车挡风玻璃与挡住模型车顶部达到的降温效果没有太大差距，只遮挡顶部相较而言使得模型车车内温度降低了 1.5℃，差距不大。不过降温曲线略微不同。只遮挡挡风玻璃的一组显示出曲率半径更小的负指数增长。

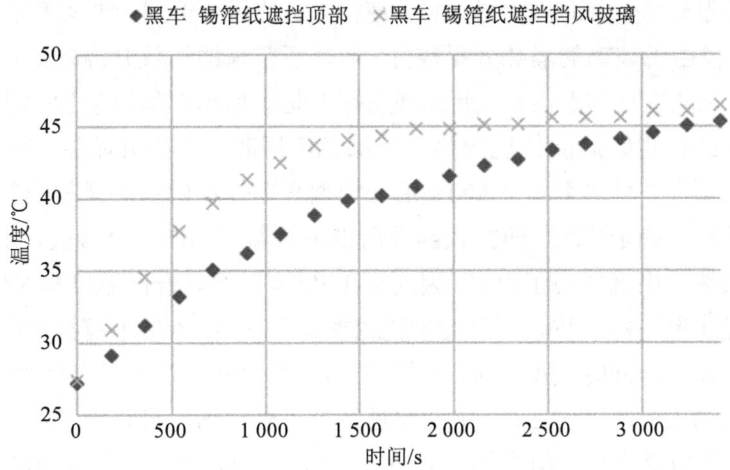

图 3.1.6.9 利用锡箔纸遮挡顶部与遮挡挡风玻璃模型车车内温度变化

图 3.1.6.10 的结果则显示如果在模型车的车窗侧面留 1～2 mm 的缝隙，其降温效果不是特别显著。相比于未处理的模型车，在侧车窗留缝隙只比模型车所达到的最高温度低 3℃。

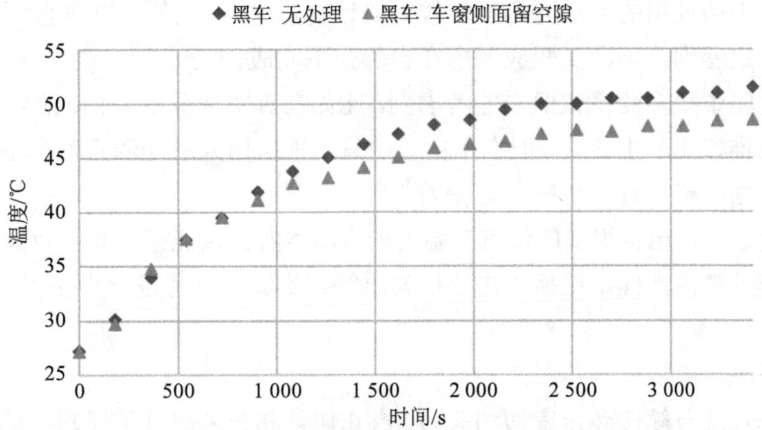

图 3.1.6.10 车窗侧面留空隙与无处理模型车车内温度变化

四、实验结论

1. 日光灯与太阳光光谱对照数据所体现的现象可能是模型车车内空气被加热由两种加热方式导致：模型车车体受人造光源加热后辐射加热和人造光源灯光透过挡风玻璃直接加热。在0～1 500 s的被加热过程中，模型车车体辐射加热使车内空气升温较快，因而占主导地位，使得人造光源灯光直接加热所体现的线性升温（或者说由于玻璃的隔热效果较好，散热所带来的指数升温效果可近似看作线性升温）未能完全体现出来，而体现出来的是模型车车体辐射加热所导致的负指数升温曲线，也因此能体现出当车体颜色不同时，其刚开始温度变化速率不同。但当模型车车体被照射1 500 s后，模型车车体辐射的热量与空气间接向外环境放出的热量趋于平衡，即指数函数所带来的温度趋向一个极值，此时人造光源灯光的加热效果就体现了出来。因而在1 500 s以后其升高温度与时间呈线性，且平均升温速率基本一致。而且此推论也能解释图3.1.6.9中遮挡挡风玻璃后函数曲率半径较小，同时模型车顶部所带来的负指数升温效果得以体现。

2. 由图3.1.6.5～图3.1.6.8中的数据结果可以看出，最有效的降低车内空气温度的方法是包裹全车。但是如果只覆盖汽车的顶部和挡风玻璃也能起到不错的降温效果。因此，如果认为拆装车衣和防晒垫比较麻烦的话，只用遮阳板遮住挡风玻璃和汽车顶部也能起到相似的效果。同时，在停车后摇下侧车窗留一个小缝隙以降低汽车温度的方法降温效果并不理想，考虑到安全问题等因素，并不建议车主为降温而在侧面车窗留缝隙。

五、展望

实验中所使用的人造光源虽然较为接近自然光，但是其光谱与自然光光谱依旧存在一定差别，下次实验应考虑在自然光下完成。

在实验中很多变量依旧未能考虑到。比如在真实情况下，太阳照射角度会随着时间的推移而产生变化，但在本实验中只是采取用人造光源直射模型车，因此得出的数据可能与真实情况稍有偏差。

除此之外，也有很多降低汽车温度的方法本实验未能探讨其有效性，比如在车内或车外喷洒液体、更换车内座椅材质等。实验还有待进一步完善。

环保感悟：

本课题是与绿色环保密切相关的。我在阅读相关文献时了解到，有些论文在探究空调负荷的问题。但基本的热力学定律告诉我们，将物质从内能较高状态降至内能较低状态势必会造成额外的能量损耗，所以当前利用汽车空调降温的方式是很不环保的。下一步，我计划设计一种既能阻止汽车升温又能适当降低汽车温度的方法。在研究的过程中，我深切体会到环保问题在生活中无处不在，就如使用汽车空调，可能大家平常生活中关注较少，但使用汽车空调对环境影响并不小，如果能改变利用空调的现状，环境也会有所改善。所以一切环境问题皆非小事，我们应多关注这些问题，只要有意愿，每个人都有机会与能力去改善环境，让我们赖以生存的家园变得更加美好。

专家点评：

本项目的选题有生活、有应用、有理论、有探究、有设计，值得推荐。作者发现，目前城市停车场的数量严重不足，室内停车场的数量更是少得可怜。就目前来看，这个问题在北京市区短时间内很难解决，人们免不了在炎热的夏季将自己的爱车暴露在太阳的照射下，因此车内高温问题困扰着很多车主。作者设计了相关实验，为广大车主提供切实可行的建议，这也是本文很有创意的地方。

作者认为直接测量车内温度不够科学，因为要考虑多重因素，变量太多，由此作者创建了实验模型，通过金属盒制作汽车模型，并用日光灯为光源，在室内进行太阳辐射加热汽车的模拟实验，探究了当太阳光直射汽车的过程直接测量不同情况下的汽车升温曲线以及其所能达到的最高温度，来判断分析如何能最有效地降低车内温的方法。这个实验设计所测量得结果耗时短，效率和准确性都会有所提升。

虽然作者还没有在车内或车外喷洒液体、更换车内座椅材质等方面开展探究，但是我们已经可以看出作者关心环境不是从呼吁、喊口号开始，而是扎扎实实地从小事、小实验、小问题参与绿色行动，这是每一位想参加环保活动的孩子应当学习和借鉴的。为此我愿意推荐本项目为优秀项目，希望大家向他们学习。

3.2 社会调查类

《居民对生活饮用水水质认知及其行为的调查研究》

作　　者：张奕朗（初中一年级）
辅导教师：闫莹莹、田春华
完成时间：2017 年
获奖情况：2017 年初中组一等奖

一、问题的提出

目前，人们对饮用水的水质越来越关注，以我的家庭为例，爸爸妈妈因为担心饮用水质量不好而买了几千块钱的净水器，楼上楼下的很多邻居家里也都有净水设备。我不禁对“饮用水质量”这个问题产生了兴趣：人们是怎样认识饮用水质量的？这些认识是否影响了人们的用水行为？于是我将研究的问题集中到“居民对生活饮用水水质认知及其行为”上面，并开展了我的研究。

二、研究目的、内容与方法

（一）研究的主要目的与内容

1. 了解北京部分居民对生活饮用水质量的认知情况以及行为习惯；

2. 进行水质检测小实验，结合专家访谈和相关数据资料分析居民对生活饮用水水质认知状况以及用水行为的合理性；

3. 针对居民的认知和行为现状提出一些科学建议。

（二）研究方法

在研究过程中，主要采取了以下研究方法。

1. 问卷法

参考公众水质认知的相关研究，编制调查问卷，了解居民对饮用水水质的满意度、安全性指标、饮用水关注内容等方面的认识情况，了解与此有关的家庭饮用水使用行为。

2. 实验法

取样家中烧开后的白开水、家庭净化水以及市场上的矿泉水和纯净水，对水质的 3 个主要指标进行科学小试验，对生活饮用水水质进行分析。

3. 访谈法

访谈北京师范大学环境学院的专家，了解北京饮用水水质现状以及对饮用水水质的正确认知和行为。

4. 文献法

通过数据库、图书馆查找与生活饮用水有关的国家饮用水安全标准等文献资料，了解国家对于水质的相关要求、北京市生活饮用水水质现状等。

三、问卷及访谈结果

1. 调查对象基本信息

我们对北京市居民进行问卷调查，共计发放并回收问卷 144 份。从性别看，女性占 81.3%，男性占比 18.8%。从职业看，主要集中于公司职员、教师、公务员以及其他职业。被调查居民的年龄分布主要集中于中年人，其中，41～50 岁的中年人占 55.6%；31～40 岁的居民占 30.6%；16～30 岁以及 51 岁以上的居民占比 13.8%。在学历方面，本次调查对象中学历为本科的居民占总人数的一半，硕士研究生及以上占 38.2%，本科以下学历的居民占 11.8%。

2. 居民对安全生活饮用水的认知现状

（1）居民对饮用水质量的总体满意度很低、信任度较差

调查发现，54.86%的居民对生活饮用水质量不太满意，10.42%的居民很不满意，十分满意的仅有 0.69%，可见，居民对饮用水的水质总体满意度较低。

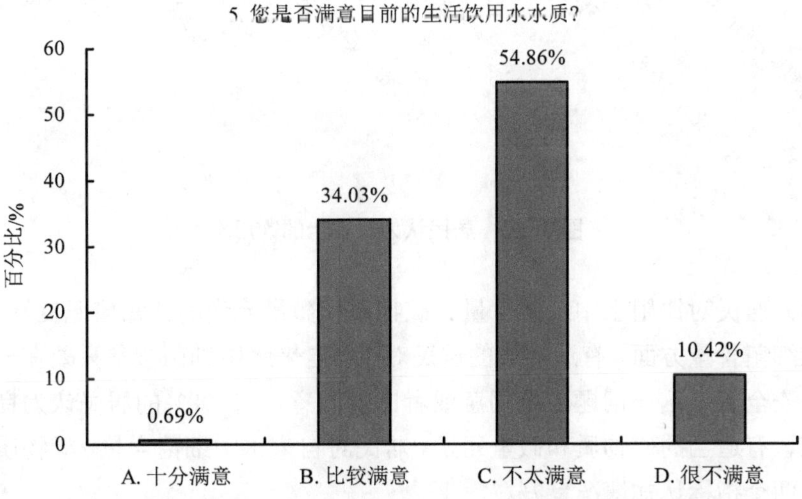

图 3.2.1　居民对生活饮用水水质的满意度

同时，有近七成的居民认为家里的自来水水质不够安全。大多数居民担心自来水在水源和储水箱及水管处遭到了污染，有害健康；同时，也有 18.1%的居民认为水的口感很差，6.5%的居民认为水有难闻的气味。居民对于我们日常所用的自来水表现出不信任。

（2）对于最安全的饮用水的认识存在误区

那什么是最安全的饮用水？如图 3.2.2 所示，有六成居民认为是净化过的自来水烧开饮用，有 20.83%的居民认为是家里烧开的自来水，10.42%的居民认为超市买来的矿泉水最安全，甚至还有 1 位居民认为目前就没有让人完全放心的饮用水。

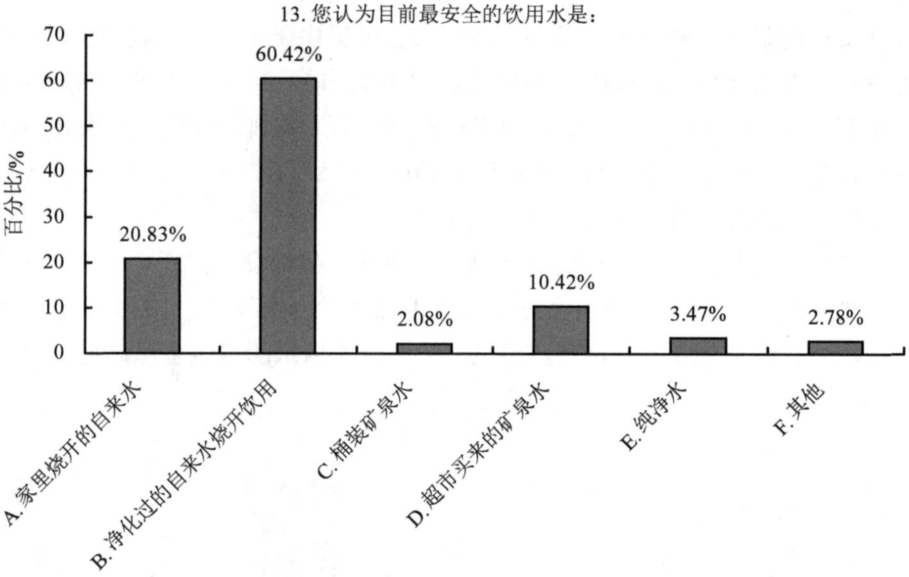

图 3.2.2　居民认为最安全的饮用水

（3）居民对饮用水中细菌含量、矿物质和微量元素的认知情况良好

在细菌含量方面，有近八成的居民对于"自来水中细菌含量只要在一定范围内就是安全的"这一问题表示同意或者比较同意；有 98%的居民认为良好的饮用水应该有适当的矿物质和微量元素。居民对自来水中细菌含量、矿物质和微量元素这两个指标认知情况良好。

（4）居民对饮用水 pH 的认知较为模糊

在与北京师范大学环境学院的姜老师访谈中我了解到，pH 为 7～8，也就是弱碱性的水最有利于人体健康。在调查中我发现只有 1.39%的居民能够准确说出生活饮用水的 pH 范围，有 3.47%的居民表示没有听过，可见大部分居民对饮用水指标了解得不够深入。

（5）在自来水气味和余氯方面，居民认识存在较大误区

在自来水的气味方面，有 92.37%的居民同意或比较同意“安全的自来水应该是无味的”；有近 3/4 的居民认同“家里的饮用自来水含有些微消毒水味，会对人体健康有不良影响”这一说法。事实上，饮用自来水中含有些微消毒水味可以起到杀菌作用，不会对人体健康造成不良影响。可见，绝大多数居民对于自来水的气味存在认识误区。

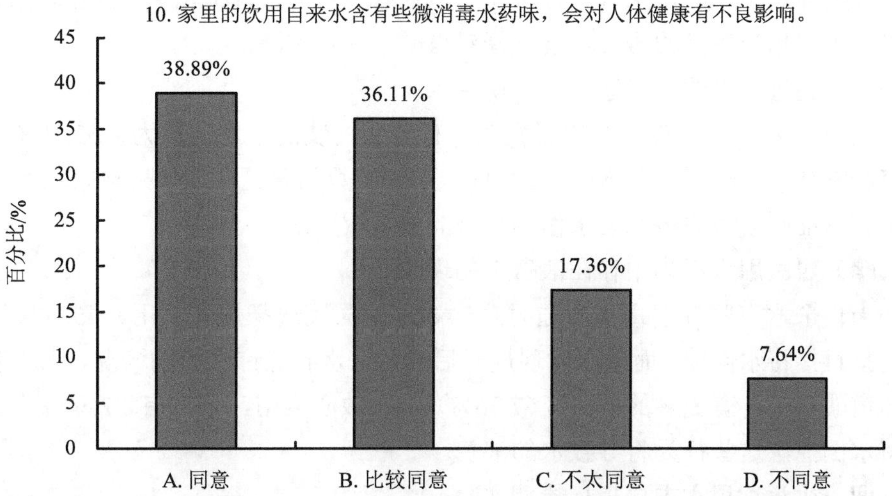

图 3.2.3　居民对自来水中消毒水味的认识

北京师范大学环境学院姜老师还告诉我，水垢与水里面所含有的钙、镁离子有关，而这两种离子是我们人体所需要的，离子含量的多少就是水的硬度，良好的饮用水应该硬度适中。在调查中，我发现只有 1.39%的居民认为饮用少量水垢的开水很安全，24.31%的居民认为对人体无害，71.53%的居民认为长时间饮用会有害健康。可见，大多数人对于少量水垢还没有科学的认识。

3. 居民的用水行为现状

居民对生活饮用水的安全认知会不会影响其用水行为呢？因此，我对居民的用水行为也展开了调查。

（1）超过一半居民家中装有净化设备

通过调查发现：63.19%的居民家中装有净水设备。在对专家访谈中，我了解到净化器除了一些颗粒物的去除，它的离子去除率也很高，而这种水里的钙、镁离子是人体必需的，长期饮用对人体健康不利。此外，如果净化器质量不高，不及时更换净化柱，还会对水造成二次污染。净化器以及滤芯价格昂贵，也是对资源以及金钱的极大浪费。

（2）相当数量的居民选择饮用过滤之后的水

调查发现，48.61%的居民选择用净水器过滤自来水后烧开饮用，12.5%的居民选择用净水器过滤自来水后直接饮用，也有 9.72%的居民表示不饮用自来水。可以发现，相当数量的居民都会选择对自来水进行过滤。

（3）超过一半的居民选择购买饮用水

调查结果显示：53.47%的居民家中有购买桶装矿泉水的行为；63.19%的居民有经常从超市购买饮用水的行为习惯。超过半数的居民认为如果自来水的水质得不到保证则会考虑将瓶装水作为家庭的日常饮用水。

（4）居民用水行为中存在浪费水的现象

当自来水有些许消毒水味道时，54.86%的居民选择烧开饮用，45.14%的居民选择直接将水倒掉。而对于发现烧开后的自来水有些许水垢的情况，比起消毒水味道的情况，有更多的居民（67.36%）选择放心应用，依然有 32.64%的居民会将水倒掉，这些行为将导致水的浪费。

四、生活饮用水主要指标检测实验

我们生活中的饮用水是否可以放心使用呢？我通过自己的实验进行了进一步探究。实验结果如下：

（一）酸碱度检测

据专家介绍，显弱碱性的水属于健康水，于是我根据实验结果对 9 个水样进行了分类（见表 3.2.1）。

表 3.2.1　水样 pH 测定实验记录表

编号	水样名称	pH 范围	酸碱度	是否属于健康水
1	雀巢包装饮用水	5～6	酸性	否
2	百岁山饮用天然矿泉水	6～7	弱酸性	否
3	纯悦包装饮用水	5～6	酸性	否
4	农夫山泉饮用天然水	5～6	酸性	否
5	怡宝饮用纯净水	7 左右	中性	否
6	爱夸饮用天然矿泉水	5～6	酸性	否
7	昆仑山雪山矿泉水	8～9	弱碱性	是
8	白开水	7～8	弱碱性	是
9	净化水	6～7	弱酸性	否

从上述结果可知，对人体健康较为有益的水为白开水，购买的水样中只有昆仑山矿泉水 pH 较为合适，其他的诸如净化水、农夫山泉等均呈酸性。可见，家中的生活饮用水（如白开水）酸碱性符合标准，在这一方面是属于健康水的。

（二）氯离子的检测

我在老师的指导下将准备好的几种水样分别取 10 mL 倒入离子色谱仪的配备管中并对其标号，分别将水样放入仪器的洞中，并用电脑控制仪器对每一个水样进行检测。实验结果如表 3.2.2 所示。

表 3.2.2　水样氯离子含量测定实验记录表

编号	水样名称	峰信号	氯离子摩尔浓度/（mmol/L）	氯离子质量浓度/（mg/L）	是否符合国家标准
1	雀巢包装饮用水	3.4991	0.2041	7.2456	是
2	百岁山饮用天然矿泉水	0.5734	0.1179	4.1748	是
3	纯悦包装饮用水	0.8424	0.1258	4.4659	是
4	农夫山泉饮用天然水	未检出	未检出	未检出	是
5	怡宝饮用纯净水	0.0435	0.1023	3.6317	是
6	爱夸饮用天然矿泉水	0.6045	0.1188	4.2174	是
7	昆仑山雪山矿泉水	38.7135	1.2417	44.0804	是
8	白开水	0.7101	0.1219	4.3274	是
9	净化水	2.6188	0.1782	6.3261	是

从以上结果中可得到结论：无论是白开水、瓶装水或是净化水，其氯离子指标均符合国家标准（≤250 mg/L），可以饮用。

（三）钙、镁离子的检测

表 3.2.3　水样钙离子含量测定实验记录表

编号	水样名称	峰信号	钙离子摩尔浓度/（mmol/L）	钙离子质量浓度/（mg/L）	是否符合国家标准
1	雀巢包装饮用水	12.518 6	9.080 5	363.220 103 7	是
2	百岁山饮用天然矿泉水	0.573 4	0.354 4	14.174 884 94	是
3	纯悦包装饮用水	未检出	未检出	未检出	是
4	农夫山泉饮用天然水	2.161 6	1.514 6	60.582 949 81	是
5	怡宝饮用纯净水	0.671 3	0.425 9	17.035 576 01	是
6	爱夸饮用天然矿泉水	0.312 2	0.163 6	6.542 479 363	是
7	昆仑山雪山矿泉水	1.082 9	0.726 6	29.062 751 11	是
8	白开水	4.705	3.372 6	134.902 476 4	是
9	净化水	8.400 5	6.072 2	242.886 989 6	是

表 3.2.4　水样镁离子含量测定实验记录表

编号	水样名称	峰信号	镁离子摩尔浓度/（mmol/L）	镁离子质量浓度/（mg/L）	是否符合国家标准
1	雀巢包装饮用水	2.320 9	2.128 2	51.076 980 71	是
2	百岁山饮用天然矿泉水	未检出	未检出	未检出	是
3	纯悦包装饮用水	0.336 1	0.269 4	6.466 379 472	是
4	农夫山泉饮用天然水	3.249 9	2.998 2	71.957 295 37	是
5	怡宝饮用纯净水	未检出	未检出	未检出	是
6	爱夸饮用天然矿泉水	未检出	未检出	未检出	是
7	昆仑山雪山矿泉水	0.889 2	0.787 4	18.897 920 96	是
8	白开水	0.214 6	0.155 6	3.735 530 998	是
9	净化水	3.972 5	3.674 9	88.198 539 05	是

从表 3.2.3、表 3.2.4 可得到结论：无论是白开水、瓶装水或是净化水，其钙、镁离子指标均符合国家标准（≤450 mg/L），即硬度符合标准，可以饮用。

五、研究结论与建议

调查研究发现：居民对于生活饮用水的认知存在一定的误区，居民用水行为与其认知具有一致性，表现出对饮用水水质的不信任态度。

实验探究和专家访谈结果显示自来水烧开可以放心饮用。此外，我通过北京市水务局的官网查看了《北京市市级集中式生活饮用水水质状况（2017 年第三季度)》报告，报告包括饮用水水源、自来水厂出厂水、城市末梢水三部分，结果均显示符合国家标准。

分析居民有关饮用水认知及其行为背后的原因，我认为可以从如下方面提高居民对水质的科学认知水平。

1. 政府加大管理力度及宣传力度

通过调查发现居民就自来水加工、运输环节对饮用水造成的污染较为怀疑，我建议政府可以加大对已完成的官方水质检测报告的宣传，定期在各类社交平台公布最新的水质检测报告，让居民们放心。同时，加大对部分净水器、瓶装水经销商的管理，把控在宣传过程中对生活饮用水的误导宣传，避免居民形成错误认识。

2. 借助媒体提高宣传力度

利用电视、微博、微信等平台，对生活饮用水相关信息进行客观报道，帮助居民消除对饮用水水质的误解；同时，加大宣传科学的用水行为习惯，帮助居民建立适宜的用水观念，增强环保意识。

3. 开展社区水质科学知识普及教育活动

在社区中采用多样化方式开展教育活动，从活动的实效性出发，加强社区居民对饮用水水质的科学认识，帮助居民走出用水误区。

环保感悟：

绿色环保——始于观念，显于行动

绿色、环保，这是我们生活中再熟悉不过的字眼了，我们总是从各种途径接受“绿色、环保”的教育。可是，当有一天，我发现楼下的送水车进进出出，垃圾桶旁边的矿泉水瓶子屡见不鲜，邻居们家里安装饮用水净化器的消息不绝于耳，于是，我开始想：动辄几千元的净水装置真的有必要吗？纯净水真的比白开水健康吗？人们的这些行为是不是会导致资源的浪费呢？细细思考，这可能跟人们对饮用水的认知有关系，于是，就有了这篇《居民对生活饮用水水质认知及其行为的调查研究》。

通过调查，我发现原来居民对于生活饮用水存在很多误解：有近七成的居民认为家里的自来水水质不够安全；多数居民对饮用水的酸碱度指标不甚了解，对自来水中有少量消毒水气味表示担心；并且认为烧开的水中含有少量水垢会不利于健康……进一步研究发现：居民对于安全饮用水的认知会影响其用水行为。由于对生活饮用水的一些认知误区，造成了居民用水行为中存在大量的浪费水、浪费金钱和资源的现象。我开始意识到：提升居民的绿色环保行动，更需要从转变他们的观念入手。如何才能知道我们生活中的饮用水到底是不是安全的呢？通过专家访谈、探究实验、查阅官方数据，我获得了各种可靠的信息，在亲身探究和求证的过程中，我也真正理解了什么样的水是安全、健康的饮用水。

通过这个研究，我最大的收获就是：环保不能只是口号，我们应该通过行动，让身边的人意识到环保的必要性、重要性，我们应该思考怎样转变人们的认识，并且将绿色和环保的认识转化成行动。

专家点评：

“水”不仅是环境中非常重要的元素，更是生命之源，张奕朗同学在闫莹莹老师和田春华老师指导下完成的《居民对生活饮用水水质认知及其行为的调查研究》项目，关注了民生基本问题——饮用水质与人的认知和行为关系，采用了调查法、文献法和实验法，并经过综合分析和深入思考，提出了自己的建议。其中调查法不仅设计了问卷，对多名不同身份人士进行了多角度调研，还针对专业人员进行了访谈；通过调查研究他发现：居民对于生活饮用水的认知存在一定的误区，居民用水行为与其认知具有一致性，表现出对饮用水水质的不信任态度，从而出现一些不当行为。还查阅了多篇相关文献和国家专业部门的专业数据；提出利用各种宣传媒介加大宣传力度，消除人们的疑虑和不必要的担心；又通过实验法科学的验证了一个事实——身边的饮用水是安全的，在科学实验研究中他科学合理地设计了对照试验，收集了数据并进行了深入分析，在整个项目的研究中，反映该生善于发现身边问题，思路清晰，思维缜密；能够将关注绿色环保变成自己切实的行动，并将个人对问题的认知转化为引领身边人意识提升，行为跟进，习得的是内在的综合素质的提升！

3.3 工程技术类

《智能地砖——以交通道路指示标为例》

作　　者：陈稼霖（初中二年级）
辅导教师：翟琨、杨海燕
完成时间：2017 年
获奖情况：2017 年初中组一等奖

一、引言

1. 问题的由来

我经常和爸爸妈妈一起自驾游出去玩，但是郊区、山区基本上都没有路灯，所以开车时的视线不太好，而且很多交通标志线经过一段时间后就很容易磨损。若能在这些道路上铺设像 LED 显示屏一样的指示标，将可以增强指示标志的可视化。于是我结合在课堂上所学的智能控制技术，以《智能地砖——以交通道路指示标为例》为题开展了研究。

2. 基本设计思路（图 3.3.1）

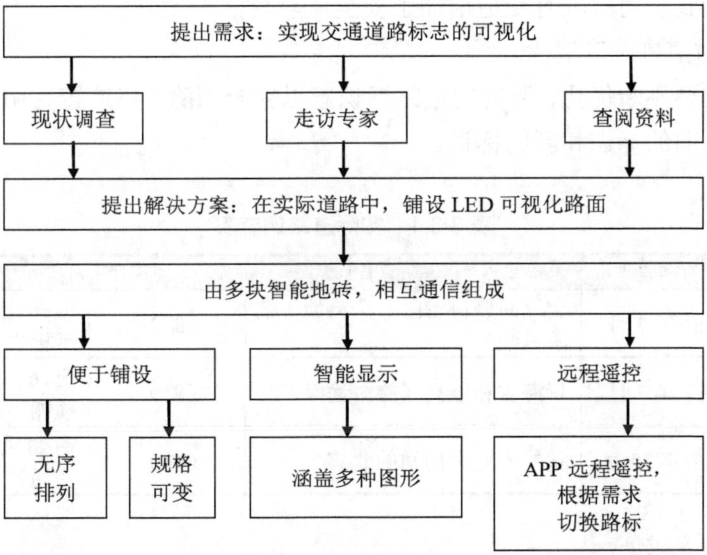

图 3.3.1　设计思路

二、材料

1. 电子元器件

电阻 1（1 kΩ）、电阻 2（560Ω）、贴片 LED、单片机（Arduino 2560）、电池（9V）、接插件（2P）。

2. 使用软件

电路板制图软件 protel DXP、编程软件Arduino。

三、设计过程

1. 前期调查

（1）实际道路调查

分别在白天和夜晚前往城区、郊区实际道路进行调查（表 3.3.1）。调查发现：

① 路面标识清晰度问题

目前郊区、山区道路没有路灯，夜晚路面视线较差，很难看清路面上的道路标识。在城市道路中，白天可以清晰地看到道路标识，但是到了夜间道路标识不清晰。

② 临时交通管制问题

经过对交警的调查访问，得知经常会遇到一些道路的临时管制，通常的做法是由交警进行现场指挥，或摆放临时标牌进行提醒。但是，经常会需要车离得很近时才能看到，司机临时变道增加了安全风险。

③ 变道痕迹难以清除

道路需要不断优化，原有的道路标识难以完全清除，痕迹较为明显，导致司机难以辨别旧的标识和新的标识。

表 3.3.1　实际道路调查表

序号	调查时间	调查地点	调查地照片	出现问题
1	2017 年 7 月	宁夏回族自治区一个县城（旅游途经）	（略）	道路上出现两种指示标志重叠
2	2017 年 7 月	青海省祁连县（旅游途经）	（略）	道路上的指示标志模糊不清
3	2017 年 10 月	党的十九大期间的北京	（略）	遇到重大活动实施交通管制的道路

（2）专家求证

在正式实施项目之前，寻访与道路有关的人员，进行可行性求证（表 3.3.2）。

表 3.3.2　专家访谈记录

被访谈人	访谈内容	访谈结果
交警	对于本项目的智能砖的看法，有哪些建议	交警认为如果能够减少交通事故的发生，那就是再好不过的了
王英杰教授（北京交通大学道路与铁路工程专业）	对于本项目的作品有哪些可以改进的地方	王英杰教授认为可以把这个标识做得更加明显，并在驾驶员的视觉范围内
路人	是否对您的生活中有用处	有一些用处，也很新鲜，很有趣

2. 作品设计

（1）整体设计思路

通过统一规格的多块智能地砖之间相互通信，组合形成交通道路标识。经过单片机的运算处理，智能砖可以达到符合不同路面要求的无序排列特点。目前，作品设计可以实现3×3或者2×3的自动组合排列。组合形成的交通道路标识有："直行""左转""右转""禁行""掉头"。

（2）电路设计思路

利用 protel DXP 绘制出智能地砖电路原理图（图 3.3.2）。

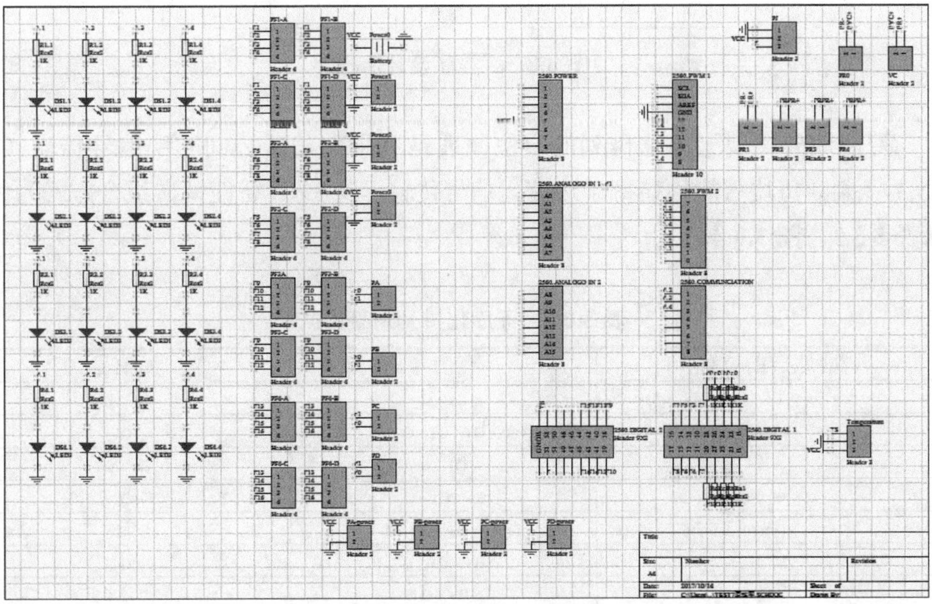

图 3.3.2　"智能地砖"电路原理

根据图 3.3.2 生成 PCB 图（略），用于制作印刷电路板。利用 PCB 图印刷而成的电路板，经过焊接工序制作成每块电路板上具有 4×4 的 LED 点阵。9 块同样规格的智能地砖电路板之间可以通过接插件连接。

（3）程序设计思路

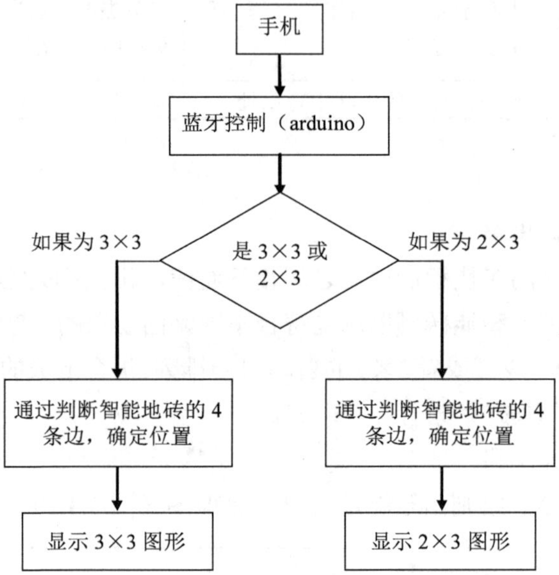

图 3.3.3　程序设计流程

智能地砖实现无序化排列的定位原理是利用砖与砖之间实现信号传输（图 3.3.3），判断每块智能地砖每条边有无信号传输，以 3×3 智能地砖组合方式为例，见表 3.3.3、图 3.3.4。

表 3.3.3　无序化排列判断依据

智能地砖的位置	有信号	无信号
1	c，d	a，b
2	b，c，d	a
3	b，c	a，d
4	a，c，d	b
5	a，b，c，d	无
6	a，b，c	d
7	a，d	b，c
8	a，b，d	c
9	a，b	c，d

利用 Arduino IDE 和 App Inventor 软件进行程序编写，程序编写分为 3 部分：①智能地砖程序→②蓝牙传输程序→③手机 App 程序（三部分程序编写图略）。

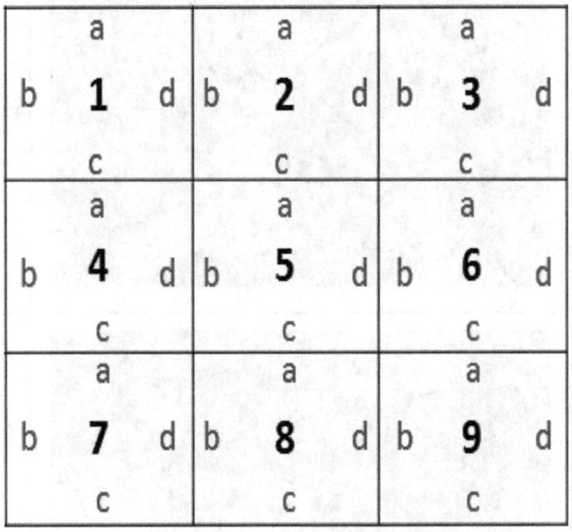

图 3.3.4　智能地砖位置判定示意图

四、作品效果测试

1. 光线测试

晚上 10 点，大雾天，在东椿树街进行测试。测试结果见表 3.3.4。

表 3.3.4　光线测试数据

实验次数	距离/m	测试照片	清晰度分析
1	10		极为清晰，轻易可见

实验次数	距离/m	测试照片	清晰度分析
2	30		较为清晰，依旧轻易可见
3	50		比较清晰，但依旧可见

2. 与实际道路路标的比较（表 3.3.5）

表 3.3.5　实际道路与智能路面效果对比

	实际道路	智能路面
照片		

	实际道路	智能路面
规格	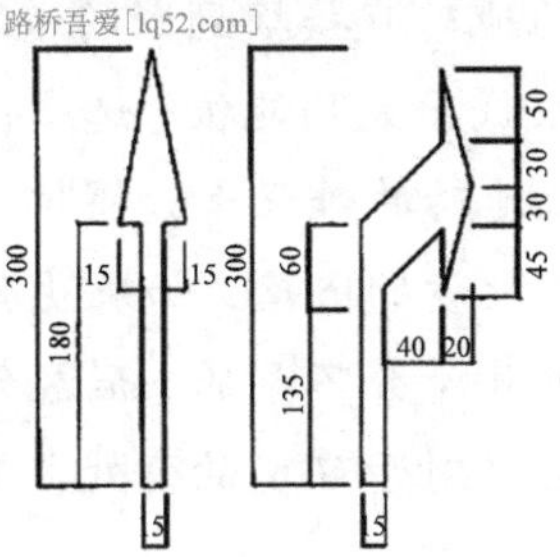	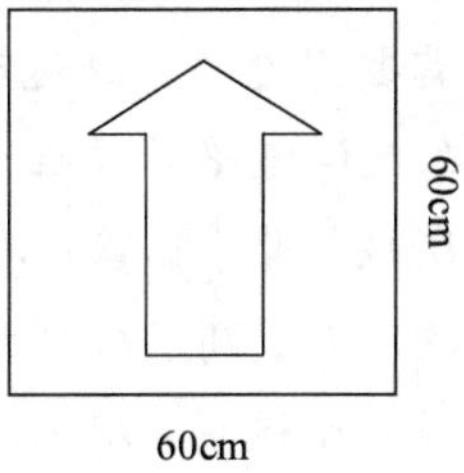
应用范围	高速公路、山区、城市、国道	高速公路、山区、城市、国道、篮球馆、羽毛球场、足球场
成本估算	150 元/m^2	350 元/m^2
优点	价格较低，铺设简单	标示明显，标示不会磨损
不足	地上的标示容易磨损，在夜晚没有路灯的地方看不清标示	成本较高

五、结论

本项目的智能地砖利用无序化排列的定位原理，实现了砖与砖之间的信号传输，可完成多种图形的切换，可服务于光线较暗或夜晚路面视线差的道路使用。这款地砖铺设简单，并能通过智能控制完成依据道路实时状况进行的实时转换。

六、进一步研究

本项目的智能地砖下一步可用于道路的分道线，满足临时性的道路交通需求；可增装加热片，加热路面以便司机在雨雪天也能看清路面；还可以设计出更多图形，如应用在篮球场、排球场、羽毛球场等地方，在同一块场地内进行多种场地图形的变换。

本项目目前尚处于模型设计阶段，依靠电池供电，但在实际应用中可采用太阳能供电，使其更加环保。

环保感悟：

我在这次课题研究中选择的题目是“智能地砖”，这是一个工程类的项目，也十分对我的“口味”。我在这次的研究中不仅学到了很多技术，更多的是懂得了环保，我所设计的智能地砖的初衷是为了让车道分配更合理，后来我发现这个项目也对环境很友好，首先它代替了沥青路面，在建设过程中也就不会出现环境污染的状况了，并且这款地砖十分容易安装，所以在道路废弃的时候不用再重新铺路了，而是可以把废弃的道路上的地砖直接换到新的道路上面。第二，这款地砖是需要用电的，但是我在地砖上装载了太阳能板，选择使用清洁能源供电。第三，在铺设道路的过程中，因为这款地砖的铺设十分简单，所以在铺设时不会对土壤造成污染。第四，在城市中会有大量的道路，如果没有计划地铺路会造成城市化的混乱，到了后期对城市发展也是十分不利的，而这个地砖则给了城市道路优化另一个选择。以上是我的智能地砖对于环境的好处，在这次课题中也算是为保护环境贡献了一份力量，我心中十分高兴！

专家点评：

本作品设计大胆，该学生通过用单片机（Arduino 2560）进行研究试验，为交通路面道路指示指出新路。作品具有新颖性，通过实验证明，可以有效改进路面指示的准确性，减少交通事故。希望该作品试验过程中最好与交通部门合作沟通，注意人身安全。

3.4 创意设计类

《新型环保牙膏设计》

作　　者：陈轩逸（小学三年级）

辅导教师：范彬、罗娟辉、吴金燕

完成时间：2018 年

获奖情况：2018 年小学低年级组一等奖

一、研究背景和目的

牙膏是我们的日常生活用品，我们每天早晚清洁口腔时都需要用到它。我长大了，学会了自己刷牙，可是经常在挤牙膏时，一不留神就容易“挤多了”。还有一次妈妈刷牙时，我发现她先用纸巾将挤压出的一小截牙膏擦去后，再把接下来挤出的牙膏挤在牙刷上，我觉得很奇怪：“妈妈，这不是浪费吗？”妈妈回答说，因为妈妈和爸爸平时共用一支牙膏，而这几天爸爸感冒了，如果妈妈直接挤用牙膏，就很容易也传染上感冒。哦，原来是这么回事。没想到，简单的挤牙膏这件事竟然有这么多学问。后来，我就想，要是有一种牙膏，不用挤，大人、小孩刷一次牙的量都是固定的，不用担心多了或少了，而且每个人的使用也不会影响他人，保证方便、卫生、健康就好了。

二、研究设计和制作过程

（一）网络查询和问题调查

带着想法，我在爸爸妈妈的帮助下，上网查询有关牙膏的资料。我发现网上对于牙膏的介绍主要基于传统管装牙膏。

1. 牙膏的基本解释

牙膏是刷牙时用的膏状物，用甘油、牙粉、白胶粉、水、糖精、淀粉等制成，装在金属或塑料的软管里。

美国牙科协会给牙膏的定义为：牙膏是和牙刷一起用于清洁牙齿表面的物质。中国牙膏工业协会的定义为：牙膏是和牙刷一起用于清洁牙齿，保护口腔卫生，对人体安全的一种日用必需品。

通过牙膏的定义可以看出，人们习惯将牙膏看成是膏状物，包装的方式是装在金属或塑料的软管里，使用时通过挤压的方式将牙膏挤在牙刷上。

2. 牙膏的消费习惯

通过网络查询我还发现，我们国家消费者在牙膏的消费上也有一定的习惯特点：

（1）家庭成员共用一支牙膏的现象。虽然随着卫生意识的提升，家庭成员共用一支牙膏的比例有所下降，但由于传统的家庭观念根深蒂固，家庭成员共用牙膏的比例仍在 50%以上（表 3.4.1）。

表 3.4.1 牙膏共用习惯调查结果

您购买的牙膏的使用人数为？（单选题）		
选项	小计	比例
A. 1 人	41	48.81%
B. 2 人	24	28.57%
C. 3 人	14	16.67%
D. 4 人	2	2.38%
E. 5 人	2	2.38%
F. 5 人以上	1	1.19%

（2）超过 50%的家庭使用大管（120 g 以上）牙膏。人们普遍认为“家庭装”牙膏在价格上更占优势，而且能用很长时间（表 3.4.2）。

表 3.4.2 牙膏够买规格习惯调查结果

您平时购买牙膏的规格大概是？（单选题）		
选项	小计	比例
A. 90～120 g	22	36.67%
B. 120～150 g	13	21.67%
C. 150～180 g	6	10%
D. 180～210 g	8	13.33%
E. 210～240 g	2	3.33%
F. 我不清楚	9	15%
G. 其他	0	0%
本题有效填写人次	60	—

3. 传统管装牙膏的缺陷

网络资料显示，传统管装牙膏在清洁和保护我们牙齿的同时，一些缺陷也渐渐暴露出来：

（1）污染环境。牙膏作为膏状物必须装在金属或塑料的软管里。牙膏使用完后，牙膏皮只能作为垃圾扔掉、填埋。塑料牙膏皮要近千年才可天然分解，每年有超过几十亿支的牙膏皮，最后都要被掩埋到垃圾填埋地里，这无疑给环境造成了很严重的污染。

（2）交叉感染。传统管装牙膏需要刷牙时挤牙膏，调查表明，有超过 50%的家庭共同使用一支牙膏。每个人的口腔都是一个有多种细菌存在的环境，平时我们再认真刷牙，细菌也不可能完全杜绝。家庭成员共用一支牙膏，所有人口腔内的细菌都会在管口汇聚，随后被他人的牙刷带走，从而产生口腔的交叉感染。

（3）携带不便和造成浪费。传统管装牙膏体积一般比较大，一是外出携带不够便利，二是不及时使用完，暴露在空气中的时间自然会增多，在反复使用过程中，接触细菌的机会也就大大增加，同时还可能导致牙膏硬化而无法使用，产生一定的浪费。

（4）用量无法准确把握。传统管装牙膏一次刷牙用量无法准确把握，稍不留神就可能挤多。因为牙膏中含有一定量的摩擦剂，摩擦剂的主要作用是去除牙齿上的菌斑和一些外源性的色素，如果每次都用量很大，长年累月，对牙齿硬组织的磨损作用也较大，尤其是会磨损牙颈部的牙体组织而导致牙本质过敏。一些含氟牙膏，过量使用对身体健康特别是儿童的身体健康存在一定的危害。

（二）深入细化问题

通过学习网上资料，我对牙膏特别是传统管装膏体牙膏的知识有了一定的了解，设计一种新型、方便、卫生、健康的牙膏的想法更坚定了，还新增加了环保的需求。

我再次上网查询有关新型环保牙膏设计的信息，结果涉及这方面的信息很少，只有百度搜索显示的一种名叫 Poppits 软胶囊的牙膏。关于它的介绍只有：美国的一家公司发明，一款一次性牙膏，由纤维素制成，遇到水后就会溶解，刷牙时只需要将其放进嘴里。其他具体信息无从得知。

在查阅资料的过程中，我进一步明确了新型环保牙膏设计的要求：一次性、定量、体积小、使用方便、环保等。

（三）查阅资料和咨询

在科学课范老师的指导下，我开始着手新型环保牙膏产品的设计与制作。通过网络进一步查阅资料，发现西药中的片剂，也就是我们平时生病时吃的药片，它具有剂量准确、质量稳定，片剂为干燥固体，且某些易氧化变质及易潮解的药物可借包衣加以保护，光线、空气、水分等对其影响较小，服用、携带、运输等较方便，机械化生产产量大，成本低，卫生标准容易达到等特点，这些都非常符合我关于新型环保牙膏设计的要求。

我走访某药品检验研究院的专家叔叔，专家叔叔告诉我说：药物片剂（药片）是药物与辅料均匀混合后压制而成的片状或异形片状的固体制剂，由原药、填料、吸附剂、黏结剂、润滑剂、分散剂、润湿剂、崩解剂、香料、色料等组成，在制作时，先将物料粉碎、造粒，干燥，再用压片机制成片状，也有的不需造粒和干燥，直接压成片剂。我再进一步询问，牙膏是否也能制成片剂？专家叔叔认为牙膏片剂制作原理与药物片剂是一样的，可以通过一定的制剂技术制成。

（四）提出设计思路

通过不断深入细化问题、查阅资料、请教老师、咨询专家，我最终确定了新型环保牙膏设计的思路：药片牙膏。因为新型环保牙膏将采用片剂形式，形似药片，因此称它为药片牙膏。它是由牙粉与辅料均匀混合后压制而成的片状或异形片状的固体牙膏。

（五）制作准备

制作药片牙膏的主要原料牙粉，我家里没有，于是我就用现有的管装牙膏代替。制作片剂需要专用设备——压片机，所以我在爸爸的带领下，去药品检验研究院找专家叔叔帮忙，借用了他们单位的压片机。

由于每次刷牙使用的牙膏量很少，加上膏体柔软，无法直接压制成片，必须加上一定辅料作为填充剂和黏合剂。

（六）药片牙膏制作

将 LG 竹盐老虎草牙膏（试用装）、辅料（碳酸钙、淀粉浆、麦芽糊精、填充剂）均匀混合后，经单冲压片机（压片机在制作使用前已经专业人士清洗干净，不含其他物质残留）压制而成。此次压制而成的药片牙膏为白色，每片重 0.3 g，压片直径为 9 mm，厚度为 3 mm。

（七）使用

药片牙膏制成后，我和爸爸妈妈都进行了试用，观察其效果。在使用时，取一片药片牙膏放进嘴里嚼碎，然后直接刷牙。从试用的结果看，有清洁牙齿的作用，但泡沫比较少。

三、研究结论

1. 新型环保牙膏可以采用片剂形式，将牙粉与辅料均匀混合后压制成片状或异形片状的固体牙膏。

2. 可以根据成人和儿童每日每次刷牙标准用量制成片剂，每次一片，较好地控制成人、儿童的科学用量。

3. 可以通过在辅料中添加符合用量标准的香料、色料以及调整单冲压片机冲模的方式，使药片牙膏在外形、口味、颜色上发生变化，有利于吸引消费者。

4. 牙膏以药片片剂形式存在，小巧的外观设计，更利于携带。

5. 药片牙膏只需放入口中咀嚼，免去了挤牙膏的烦琐步骤，更可以避免家人共用牙膏带来的细菌交叉感染。

6. 传统牙膏中 50%都是水分，牙膏的重量相对较重，牙膏中各种物质还可能会相互发生作用。此外，由于液体状混合物保存时间较短，牙膏中常掺入大量用于延长保质期的物质。而药片牙膏所含的都是干燥物，无水分，可以提高洁齿、护齿的有效物质含量。

四、后续研究和改进

牙膏制成片剂虽然成功，但是在整个研制过程中，我意识到还有以下问题，需要进一步深入研究和改进：

1. 在试用过程中，发现药片牙膏的泡沫较少。

2. 此次试验用的主料是牙膏膏体，而非牙粉。准备在后续试验中，用牙粉进行试验。

3. 药片牙膏的包装也需深入研究。从查询的资料来看，作为特殊商品，药品包装材料与结构形式必须确保所装药物的药效，同时还要保证药品使用可靠、方便。因此，药物片剂的包装主要有塑料瓶包装、泡罩包装（泡罩包装又称为水泡眼包装）和条形复合膜包装，这三种包装方式各有利弊。对于药片牙膏来说，只是普通商品，而且是日常性消费品，因此，在包装材料和形式上，主要考虑便利、经济实惠以及环保要求。目前的设想是采取大包装（塑料瓶）与小包装（泡眼包装） 相结合的方式。塑料瓶包装经济实惠，泡眼包装便于携带，适用外出使用。具体包装材料和包装形式还需进一步深入研究。

环保感悟：

谁不希望头顶的天空湛蓝如镜！

谁不希望脚下的大地绿草如茵！

谁不希望身边的湖水清澈明净！

谁不希望眼前的阳光灿烂如金！

然而，由于人类不合理的开发和利用自然资源，不注意保护环境，造成了全球性的生态破坏和环境污染，严重威胁到人类的生存。因此，节约资源、绿色环保成为每一个人的责任。

其实绿色环保很简单，它是由我们身边的点滴小事构成的。在家里，妈妈经常把洗衣服的水留着拖地、冲厕所，把淘米水用来洗菜、浇花，爸爸把家里的灯都换成了节能灯。我呢，也要争做绿色环保小卫士。2018 年，我的创新发明《新型环保牙膏设计》，其设计目标之一，就是减少资源使用、保护环境。大家都知道，塑料牙膏皮要近千年才可天然分解，每年有超过几十亿支的牙膏皮要被掩埋到垃圾填埋地里，这无疑给环境造成了很严重的污染。新型环保牙膏——药片牙膏，采用片剂形式，不需要塑料牙膏皮包装，可以大大节约对塑料的使用，也减少了塑料牙膏皮对环境的污染。

我们要做绿色环保的有心人！

专家点评：

该作品设计新颖，作者发现了多年来人们在牙膏使用过程中而被忽视的问题，打破了传统模式，能为一个人们天天都用到的小小的牙膏，大胆创新。该作品具有环保、保质期长、防污染等优点，是一种既可以防止病毒交叉感染，又方便携带的新型牙膏。盼望能早日完善与百姓见面。

附录 1

北京市少年科学院"小院士"课题研究评审活动简介

在全国少工委、中国少年科学院的指导下，在北京少年科学院、西城区教委的大力支持下，西城区青少年科技馆、"周又红名师工作室"致力于为全市少年儿童提供走近科学、认识科学、理解科学的广阔空间，促进北京市少年儿童科学素养的提高，让越来越多的孩子体验科学的无穷魅力，依托科技馆新馆的硬件优势、师资优势以及开展科技教育活动的经验优势，开展了"小院士"课题研究评审工作。

一、指导思想

以培养青少年创新精神和实践能力为重点，以科学体验活动为途径，以少年儿童校内外教育阵地为依托，利用多种社会资源，对少年儿童进行科学知识与技能、科学精神与态度、科学方法与能力、科学行为与习惯的培养。

二、主要任务

将科技培训、科技实践、科技竞赛相结合，通过培训、实践、竞赛等活动向少年儿童普及科学知识，发现和培养优秀少年科技人才，建设科技教育培训和科学体验组织阵地，开展校外科技教育理论研究，举办国内外少年儿童科技交流，培训科技教师，建立并完善科技教育专家和导师团队。

三、具体工作内容

△ 开展"小院士"课题研究评选获奖作品展示交流活动；

△ 运作和组织青少年科学考察及社会实践活动；

△ 开展科技教师专题培训和青少年专项科研辅导；

△ 开展北京地区"小院士"课题研究评选活动；

△ 开展"科技创新教育论坛"活动。

附录 2

北京市少年科学院“小院士”课题研究评审作品征集要求及评审办法

北京市“小院士”课题研究评审活动是在科技创新教育的主题下，面向全市中小学生开展的以培养青少年的科学知识与技能、科学精神与态度、科学方法与能力、科学行为与习惯为目标的一项科技创新教育活动。其作品征集要求及评审办法如下。

一、申报

（一）申报要求：凡在当年自主完成的课题研究项目（论文或发明），并且未参加过北京市少年科学院“小院士”课题研究评审的作品。

（二）作者要求：作者需为中小学校（包括职业中学、特殊教育学校）的在校学生（从小学一年级至高中三年级），不能跨区县报名，跨学校合作只能与科技馆、少年宫、儿童中心合作完成。

（三）申报材料：申报人如实填写《北京市少年科学院“小院士”课题研究评审申报表》，推荐单位签署意见、加盖公章，申报人、指导教师亲笔签名，同时提供《课题研究论文》或《发明成果报告》原文一份，需用 A4 纸打印。另外，提供课题研究过程和发明过程的原始材料一份（可以是复印件）及研究过程照片至少 4 张，发明作品实物照片或演示视频一份。

（四）申报方式：每个项目将上述申报材料统一装在一个档案袋中，将《北京市少年科学院“小院士”课题研究评审申报材料》页（附录 3）贴在档案袋外面，以学校为单位统一报送北京少年科学院“小院士”课题研究活动组委会。同时填写《北京市少年科学院“小院士”课题研究评审申报项目及信息汇总》，打印一份加盖公章并将清单电子版拷入 U 盘一并报送，现场拷贝审核信息后将 U 盘带回。

报送地点：西城区青少年科技馆（月坛北街 3 号），名师工作室（202 室）。

（五）有关要求

1．申报应坚持实事求是的态度。一旦发现弄虚作假或剽窃，立即取消其评审资格，并将情况通知其所在单位或上级主管部门。

2．递交的作品有明显科学常识性错误的，取消参评。

3．每名学生只准许申报一个项目。

4．所有申报者必须是作品的合法拥有者，具有完整的知识产权。

5．申报的材料不退还，也不复函。

二、评审

评审分为初评和终评，终评包括现场答辩和创意展示。

（一）初评

组委会将聘请中国少年科学院专家组内相关专家级相关专业人士参与评审。根据中国少年科学院课题研究评审要求将申报的项目分为四个方向：发明创造、科学探究、社会调查、创意设计；四个组别：小学低年级组（1～3 年级）、小学高年级组（4～6 年级）、初中组、高中组；集体项目参与的人数不得超过 3 人，如果选择分别为不同年级，则按照其中最高年级划分组别；每一项目辅导教师最多不得超过 3 人。终评将从初评中选取优秀项目参与终评答辩和展示活动。

（二）终评

终评答辩和终评创意展示同时进行，初评结束后我们会尽快将进入终评的项目名单、具体分组、时间、要求等发到各申报学校负责教师的邮箱。

答辩展示时间：××××

1．终评答辩

答辩程序：先抽签确定答辩的次序，然后由选手借助 PPT（或视频等）对作品进行简要介绍。

介绍时间：小学组 3 分钟、中学组 5 分钟。

介绍要点：结合项目简介（注意：PPT 和选手介绍不要出现学校名称、选手姓名、辅导教师姓名等信息），专家评审小组对其进行适当的提问，选手进行解答（4 分钟）。

创新发明项目，答辩时带实物并演示。

为体现大赛的公平、公正原则，我们采取公开答辩的方式，辅导教师、家长、学生可以旁听。

答辩地点：××××

2．创意展示

① 要求：每个项目提供一块高 120 cm、宽 90 cm 的展板，展板内容：问题的提出（假设）、方法与过程、数据与结果、讨论与结论。展板不能整体喷涂，要有自行创意、自行设计成分，充分体现学生的创意和动手能力（注意：展板要表明作品名称、作者年级、姓名，但不得出现学校、辅导机构名称和辅导教师姓名）。工程项目作品现场演示，体积要求不得超过 1.2 m，长、宽不得超过 0.9 m，在规定体积内但作品偏重、不易搬动的项目可提前与组委会联系。展示过程中如果用 PPT 介绍需自带笔记本电脑，组委会给每个展位提供电源插口一个、标准课桌一张，工程项目如需要多个插口可以自带接线板，耗电量过大要向组委会提出申请。易燃易爆等危险品不得展出。

② 展示地点：××××

③ 互动交流：主动、热情地同参观者进行交流，有问必答，思维敏捷，思路清晰，互动能力强。

④ 说明：每个项目展示答辩穿插进行，时间半天，期间评委将对展板内容的完整性、制作的整体性、动手成分、展示期间选手的交流互动能力等多方面进行全面综合评分。小学 1～3 年级组只参加答辩不参加创意展示。

三、组委会将当年的优秀项目推荐报送参加中国少年科学院组织的“小院士”课题研究评审活动（具体要求答辩时通知）

主办：北京市少年科学院
　　　中国少年科学院北京地区组委会

协办：西城区教育委员会
　　　西城区科学技术协会

承办：西城区青少年科技馆
　　　周又红名师工作室
　　　北京第二实验小学

附录 3

北京市少年科学院“小院士”课题研究评审申报材料

北京少年科学院“小院士”课题研究评审
申报材料

项目名称：________________________________

作者信息：第一作者姓名：______________ 年级______________

第二作者姓名：______________ 年级______________

第三作者姓名：______________ 年级______________

所属区县：________________________________

申报学校全称：________________________________

	姓 名	工 作 单 位
辅导教师		

项目申报组别：（请分别在符合的选项后画 √）

小学 1～3 年级□ 小学 4～6 年级组□

初中组 □ 高中组□

项目研究方向：（请分别在符合的选项后画 √，只能选择一项）

创新发明方向□

科学探究方向□

社会调查方向□

创意设计方向□

项目	初评（提交材料部分）					总分合计
	选题	科学性	创新性	使用价值	严谨性	
分值	10	10	10	10	10	50
得分						

附录 4

2014—2018 年北京“小院士”活动环保主题优秀项目名单

序号	项目名称	作者	年级	指导教师	项目方向
2014 年					
1	4 种水对红掌生长繁殖的影响	姜颖康	小学低年级组	李振英 毛　峰	科学探究
2	关于在北京寺庙推广使用环保香的可行性研究	王若兮		蔺滨滨	社会调查
3	在学校屋顶环境下屋顶绿化植物对雨水滞留的影响研究	张　硕	小学高年级组	江　祎	科学探究
4	在东城区育群胡同 24 号 2 门实施墙体垂直绿化的可行性研究	刘圣豪		江　祎	社会调查
5	自制茶叶末纸及甲醛吸附作用探究	刘天骏		纪　宏 金　晶	科学探究
6	抽水马桶精确控水解决方案	王霄旸		岳　蕾 高亚凤 苗　岩	科学探究
7	南极半岛南美洲与北京水质状况比较研究	毕浩宸		甄　奕 赵　溪 魏源送	科学探究
8	南极半岛地衣和苔藓污染状况研究	张开文		甄　奕	科学探究
9	河湖水质、环境对蜻蜓种类和数量的影响	尚楷博		岳　颖 毕研云	科学探究
10	关于合理使用抽油烟机减少厨房产生 $PM_{2.5}$ 等可吸入颗粒物的研究报告	吕祚青		吴宏利 李　雪	科学探究
11	夏季汽车内快速降温方法的研究	徐雨原		侯利伟 孟庆堃	科学探究
12	不同环境条件对独角仙成长的影响	黄蕴泽		张　帆 李　雪	科学探究
13	环保节能从一张纸开始——论文排版格式的变化对节约纸张的贡献	于潇涵		周又红 冯鸿君	科学探究

序号	项目名称	作者	年级	指导教师	项目方向
14	家庭用水调查及节水试验研究	谢之楠	小学高年级组	高彩虹	科学探究
15	关于北京市西城区道路中央树木的研究	潘　阳		周又红 王红雨	社会调查
16	采用高压醇解法以高含油植物种子以原料制备生物柴油的初步研究	吴致远	中学组	戴毅新 张　慧	科学探究
17	家用燃气灶安全、节能性能指标衰退问题研究	董可昕 周子涵		崔云鹤 李　铮 周又红	科学探究
18	甲硝唑对植物种子发芽及幼苗生长的影响	赵思岚 彭惠怡		宋　旭	科学探究
19	“顶花带刺”黄瓜安全性的初步研究	王子含		高　颖	科学探究
20	色素迁移之滤纸形变及不同季节植物研究	林凯珩		任　姣 周又红	科学探究
21	龙井茶不同冲泡方法对茶水中茶多酚含量影响的研究	贾云杰		段玉佩 张志坚 李　雪	科学探究
22	药品包装消耗纸材的调查	张欣平 田灵风		何春玲	社会调查
2015 年					
1	通过观测全年影子的变化探究地球与太阳的位置关系	王子康 鲁天讯 徐柳馨	小学一年级	王桐	科学探究
2	不怕动物和虫子	汪思涵 冯量达 申　晔	小学三年级	甄　奕 赵　鹤	社会调查
3	恐龙是怎么产蛋的	张亦琛	小学三年级	张亚	科学探究
4	变废为宝——节约浇花器	刘祖涵	小学六年级	梁　彤 李　晶 田春丽	创意设计
5	北京地铁空间中 $PM_{2.5}$ 及 PM_{10} 的调查研究	穆子雯	小学五年级	张　永 盖　亮	科学探究
6	北京城区三种蜘蛛步足形态与功能比较	赵冰艳	小学六年级	吕春玲 李宝瑜	科学探究

序号	项目名称	作者	年级	指导教师	项目方向
7	北京市区乌鸦聚居地的调查研究	刘思齐	小学六年级	吕春玲 李宝瑜	科学探究
8	小学生手机细菌污染情况的调查研究	薛晨熙	小学六年级	吕春玲 李宝瑜	社会调查
9	不同色光对鸡毛菜的生长状况影响	顾馨悦	小学六年级	岳　蕾 陈雪斐 薛　颖	科学探究
10	植物叶片夜间闭合的影响因素	宋雨晨	小学六年级	岳　蕾 陈雪斐 张玉红	科学探究
11	水垢厚度对家用电热水壶耗电量的关系	余昭熹	小学六年级	岳　蕾 陈雪斐 薛　颖	科学探究
12	昆虫的“脚”——昆虫足部前跗节的比较研究	王清石	小学五年级	陈宏程 乔文军 任艳丽	科学探究
13	用胶带纸防治香椿树草履蚧的探究	马一鸣	小学六年级	张俊菊 陈　杰	科学探究
14	适用多种花卉的天平式定量自动浇花器	刘润钦	小学四年级	牛　平	创新发明
15	营建空中菜园——北京地区屋顶绿植蔬菜可行性及基质条件研究	王英韬	小学六年级	赵　溪	科学探究
16	环保袋环保吗？——不同材质环保袋的环境指标对比研究	刘智博	小学六年级	赵　溪 赵　蕊	科学探究
17	北京月坛公园木本植物种类调查	严　格 李　依	小学六年级	刘建华 寒　梅	社会调查
18	筷子，您选对了吗？——筷子材质、使用时间对细菌存活的影响	康家睿	小学六年级	赵　蕊 赵　溪	科学探究
19	云杉树，你怎么了？——四合上院小区云杉成活情况调查与研究	黄千越	小学六年级	李　雪 赵　蕊	科学探究
20	一花一世界——关于牵牛花颜色变化原因的初步研究	冯安桐	小学六年级	李　雪 赵　蕊	科学探究
21	一种新型骑车用 $PM_{2.5}$ 防护面罩	杨　婉 靳雨濛	小学六年级	都恩红	创新发明
22	探索北京城区绿地踩踏问题及对策	张凯文	小学六年级	张俊菊	科学探究

序号	项目名称	作者	年级	指导教师	项目方向
23	朱鹮夜宿行为比较研究	冯钰成	小学六年级	李　雪 张　帆 梅东海	科学探究
24	饮用水污染物分析及便携式净水器的研制	殷启宸	小学四年级	桂　峤	科学探究
25	探究生活废水用于家庭绿植浇灌的可行性研究	陈艾奇	小学五年级	甄　奕 赵　溪	科学探究
26	对石头纸的降解性能的研究	戴弘畅 鲁雨昕	小学五年级	甄　奕 刘思岚 赵　溪	科学探究
27	多种 $PM_{2.5}$ 口罩防雾霾效果的比较研究以及新材料的应用探索	沈子琛	小学六年级	闫莹莹 甄　奕	科学探究
28	北极斯瓦尔巴德群岛被子植物呼气器官与极地环境的关系	刘偌易	小学六年级	甄　奕	科学探究
29	青苔对四合院环境温度的影响研究	吉思羽 贾谨萌 张沫潼	小学六年级	甄　奕 赵　溪 刘思岚	科学探究
30	北京市居民洗碗方式调查及节水效果实验研究	王子烨	小学六年级	甄　奕 李　雪	社会调查
31	喜鹊自然繁殖观察纪实	陶　孜	初中二年级	刘　波 贾宇昂 冯　叶	科学探究
32	庆大霉素对蝾螈断肢再生的影响研究	孙昕然 李嘉悦 刘雨芊	初中二年级	张　霞	科学探究
33	北京市西城区（北区）土壤重金属污染情况调查	沈　铭 张梓堃 段善友	初中二年级	董素君	社会调查
34	一种超滤自过滤鱼缸系统	罗宇轩 张轩睿	初中二年级	彭　鹏 卓小利	创新发明
35	芳香植物干叶和精油对入侵害虫烟粉虱的行为影响研究	石馨月	初中三年级	李　慧	科学探究
36	学校食堂“光盘行动”——兴华中学食堂剩饭菜整体解决方案研究报告	刘　涵 韩雨潇	初中二年级	高亚丽 郝新冉 张素香	社会调查

序号	项目名称	作者	年级	指导教师	项目方向
37	养鱼水变色的探究与分析	陈相呈	初中一年级	周婧雅	科学探究
38	关于在桶装饮水机中安置杀菌装置解决饮用水二次污染问题的研究	于凯蒂	初中二年级	周又红 毕　欣 刚永运	科学探究
39	利用水循环改善陶然亭水质的研究	杜博远 杜博洋 武　岳	高中二年级	赵　勇 贺卫军	科学探究
40	关于景天科植物叶插适宜条件的探究报告	赵祥宇	高中二年级	王建军 林媛媛	科学探究
41	潮白河顺义城区段水质调查与研究	谢　文	高中二年级	李万成 曹爱萍	社会调查
42	西安市夏季大气 $PM_{2.5}$ 中化学元素的浓度特征和来源	侯静怡	高中二年级	白志强 林媛媛	科学探究
43	内蒙古典型草原区达乌尔鼠兔的分布与栖息地生态因子的研究	王天正	高中二年级	宛新荣 康　帅 江　波	科学探究
44	pH 和铝对豌豆根和根边缘细胞伸长的影响	尚世恒	高中三年级	孙淑萍	科学探究
45	吡啶类离子液体的合成表征及 CO_2 吸收性能研究	赵松睿	高中二年级	杜春燕	科学探究
46	水滤空气净化装置设计与研究	孙宁远	高中三年级	林　峰 刘　凌 赵正明	科学探究
2016 年					
1	南极金图企鹅繁殖季营巢及相关行为调查	朱伯恒	小学五年级	高　武 甄　奕	科学探究
2	校园空气质量现状调查及周边道路颗粒物污染应对方法研究	刘昱彤	小学六年级	甄　奕	社会调查
3	不同油菜种子消毒时间不同情况下发芽数量研究	张博赢 王　熙	小学六年级	甄　奕 高肖贤 刘思岚	科学探究
4	网络外卖加剧一次性餐具使用的研究	陈艾奇	小学六年级	赵　溪 甄　奕	社会调查
5	关于改建绿色环保智能化公交候车亭的调研报告	蒋嘉睿	小学六年级	甄　奕 赵　溪	社会调查

序号	项目名称	作者	年级	指导教师	项目方向
6	北极苔原与北欧森林植物多样性与生态环境差异调查	孙浩桐	小学四年级	姚轶锋 赵　琦 甄　奕	科学探究
7	可食用吸管的研究	周家旭	小学四年级	甄　奕 刘浩然	社会调查
8	幽灵螳螂、兰花螳螂和中华达到螳螂的比较	谭奕朗 潘嘉阳	小学三年级	甄　奕 李雪梅	科学探究
9	融雪剂对冷季型草坪生长影响的调查研究	刘昱泽	小学六年级	梅东海 赵　溪	科学探究
10	北极苔原植被生境与植物伴生现象调查	赵彦泽	小学五年级	凌冬杉	科学探究
11	安全环保泄洪井盖的研制	殷启宸	小学五年级	桂　峤	创新发明
12	对北京市城市绿化使用碎砖混合基质的研究	杨炳天 杨紫绶	小学六年级	江　祎	科学探究
13	探究适于放置家庭的绿色植物的种类	游岱武	小学六年级	吕春玲 李宝瑜	科学探究
14	北京市部分医院空气质量调查研究	陈　惟	小学六年级	吕春玲 李宝瑜	科学探究
15	不同土壤对景天类植物的影响研究	周子童	小学六年级	吕春玲 李宝瑜	科学探究
16	不同植物对氮磷钾等营养素的吸收	周珂宇	小学六年级	吕春玲 李宝瑜	科学探究
17	楼体外建造墙壁式鸟巢的构想与设计	秦思语	小学六年级	任军荣	创意设计
18	多功能自动浇花装置	郭泓伯	小学六年级	范　彬 白　洁 项　彤	创新发明
19	膜翅目昆虫熊蜂与蜜蜂毛的特征及抗寒性比较研究	刘康帅	小学六年级	章洁	科学探究
20	北极斯瓦尔巴德群岛植物生长环境特征研究报告	范家楷	小学六年级	高彩虹 赵　琦 姚轶峰	科学探究
21	北极煤矿区植物对重金属富集能力的比较研究	王天瑞	小学六年级	陈　杰	科学探究
22	使用 Wi-Fi 插座控制机械温控储水式电热水器的节能效果研究	金圣熹	小学六年级	陈　杰	科学探究

序号	项目名称	作者	年级	指导教师	项目方向
23	悬崖峭壁上的“不死草”——牛耳草	欧阳庆丰	小学六年级	陈 杰 李 雪	科学探究
24	丰年虾对城市海洋馆海水净化作用的研究	杨静怡 赵天歌	五年级 六年级	杨海燕 张雅楠	科学探究
25	带倾倒装置的厨房垃圾堆肥箱	肖 淇	小学六年级	张 军 闫莹莹	创意设计
26	螳螂保护色调节能力初探	朱嘉宜	小学五年级	杨春娜	科学探究
27	日用品快递包装物的使用现状及改善方案的研究	张奕朗 柳皓翔	六年级 五年级	姚春玲 高彦芳 闫莹莹	社会调查
28	北京社区推广再生资源智能回收的可行性研究	王若兮	小学六年级	蔺滨滨	社会调查
29	京城“鸣虫”都去哪儿了——北京中心城区绿地昆虫丰富度调查报告	王清石	小学六年级	陈宏程 乔文军 王 辉	科学探究
30	模仿仙人掌的雾水收集装置研究	伍彦仪	小学六年级	李 衎 白 婧	社会调查
31	关于北京市摩拜共享单车与市政公共自行车绿色出行的比较研究	刘凯夫 刘凯元	小学五年级	白 婧	社会调查
32	关于防霾换气窗的几个创意设计	严 丹 李汶泽	初中二年级	刘 波	创意设计
33	太阳能自动禽舍防盗设施研究——自然之友·盖娅自然学校教学基地太阳能自动鸡舍门解决方案	刘梓宸 何泽嵘 戴天奇	初二 初一 初一	闫莹莹 刘作新 刘承荣	创新发明
34	莲花池公园与什刹海公园浮游植物调查及分析比较	史笑非	初中二年级	张俊菊 赵 昕	科学探究
35	让汽车安全度夏——有效降低夏日车内温度	肖 斌 李 晗 孙飞凡	初中二年级	刘 琦	科学探究
36	家庭人工光源结合太阳能对于空心菜生长的研究	尉子健	初中三年级	赵 溪 卓小利	科学探究
37	北京斋堂黄土的粒度特征及其成因分析	汪 玥	初中三年级	李京燕 綦 琳 云 松	科学探究

序号	项目名称	作者	年级	指导教师	项目方向
38	绿茶对热加工糕点中微生物的抑制作用	郭宇华	初中三年级	杨海燕 张雅楠 卓小利	科学探究
39	淘宝网捕鸟器材售卖情况的调查研究	唐近豪	初中一年级	岳　颖	社会调查
40	探究斑衣蜡蝉的生存策略	赵冰艳	初中一年级	张俊菊	科学探究
41	内蒙古乌海红砂群落的岛屿分布成因及其对优化环境作用的启示	郭美慧 何世图 宋逸凡	高中二年级	崔洪霞 高　颖	科学探究
42	野放普氏野马生存现状及保护措施研究	徐静茹	高中三年级	李　凯 张　玲	科学探究
43	水质采样专用多旋翼无人机及其测量控制系统	熊亚馨	高中二年级	李雪梅 黄　振 孔丽燕	创新发明
44	大叶黄杨茎秆力学性能与组织结构的关系	宋日尧	高中二年级	陈月艳 康　帅	科学探究
45	鸟类数量与城市规模的初步比较	方雯琪	高中二年级	马丽霞	社会调查
46	潮白河水系密云水库上下游水质分析及环境影响因素研究	胡昱坤	高中二年级	傅晓萍 王　伟	科学探究
2017 年					
1	北极虎耳草与北京虎尔草的气孔微观对比	沈苡萱 薛新怡	小学六年级	李　颖 石润芳	科学探究
2	南极迪特岛、企鹅岛和欺骗岛部分中基性岩石特征和形成环境	张庭郡	小学五年级	杨融冰	科学探究
3	北京地区野生无蹼壁虎的环境适应性及其产生新分支的可能性研究	谭奕朗	小学五年级	甄　奕	科学探究
4	杜比亚蟑螂生活习性的观察研究	李宗达	小学五年级	甄　奕	科学探究
5	关于食品保鲜膜问题的调查	冯量达 王培元 汪思涵	小学五年级	甄　奕 赵　溪	社会调查
6	对使用模块式植物侧生长种植盒进行立体绿化的研究	段如哲 陈朗宽 苏弘雨	小学六年级	江　祎	科学探究

序号	项目名称	作者	年级	指导教师	项目方向
7	不同基质厚度条件下屋顶绿化对雨水的滞留影响研究	张良昊 王子杨	小学 六年级	江　祎	科学探究
8	光谱及光照度对螳螂体色和生长发育的影响	朱嘉宜	小学 六年级	杨春娜	科学探究
9	北京市区户外珠颈斑鸠两年跟踪观察研究：筑巢、孵化、育雏	许敬凡	小学 五年级	路　莹	科学探究
10	关于“无人水质检测船”的产品发明与研制	毕雯皓	小学 六年级	王　红	创新发明
11	楼宇绿肺系统的实践和验证	刘斯丞 田天阳	小学 六年级	王　红	创新发明
12	让教室自然光照射更加均匀的窗帘研究与设计	张静	小学 六年级	吕春玲 李宝瑜	创意设计
13	对大叶万年青降低教室内 $PM_{2.5}$ 浓度的试验研究	李澜翔 张鼎宸 王子诚	小学 五年级	张素文	科学探究
14	探究获取植物叶脉的适宜条件	杜孝泽 马圣骅 路　璐	小学 三年级	岳　蕾 侯利伟	科学探究
15	多肉植物气孔的特殊性研究	冯韵竹 乔紫轩 翟金雨	小学 六年级	白洁 邓立萌	科学探究
16	北极斯瓦尔巴德群岛沃斯利角苔原红土物源和古气候研究	尹铭 梁智毅	小学 六年级	赵　溪	科学探究
17	北极土壤重金属污染及植物与微生物联用修复的研究	谢昶安 段似彧	小学 六年级	赵　溪 马　栋 王朝全	科学探究
18	北极斯瓦尔巴德群岛海域海水中抗冻微生物的分离及类别研究	禚思雄	小学 六年级	赵　溪	科学探究
19	探秘极地微观世界——南极与北极功能性微生物筛选与研究	罗焕晶 柴泳孜	小学 五年级	赵　溪 李　颖	科学探究
20	北京市小学生防护口罩的佩戴现状调查及建议	姜弈同 刘武韬	小学 六年级	闫莹莹	社会调查
21	DIY 食品级蜡笔	张十全 叶颖悠 郑子涵	小学 二年级	王　喆 甄　奕 闫莹莹	科学探究

序号	项目名称	作者	年级	指导教师	项目方向
22	“最强大脑”中微藻画形成探秘——用不同方法培养微藻画初探	陈章远 杜欣恬	小学六年级	杨海燕	科学探究
23	不同通风模式下，家用轿车内二氧化碳和一氧化碳浓度变化研究	李梓曈	小学六年级	杨海燕	科学探究
24	北京雨燕巢址选择与建筑形态关系的调查研究研究方案	牛乐凡 杨　宸 张景鑫	小学四年级	岳　颖	科学探究
25	丰年虾人工养殖方法初探	杨静怡	小学六年级	杨海燕	科学探究
26	天坛公园春季开花植物图鉴手册的设计研究	胥一涵	小学三年级	岳　颖	科学探究
27	多肉植物 App 设计与制作	陈昭旭	小学六年级	刘　佳 杨海燕 赵　湘	创新发明
28	北京动物园内山海经动物调查研究报告	张淞晖	小学六年级	翟乐平	科学探究
29	雨天的小昆虫藏到哪里？	赵羲和 黄马了秋	小学二年级	姜楠	科学探究
30	北京动物园黔金丝猴丰容研究	邓文骐	小学六年级	李　雪	科学探究
31	洁面膏中的塑料微珠及其可降解替代物探究	石路平	小学五年级	白　婧 于　斌	科学探究
32	北京望京地区已建成道路行道树的调查研究报告	王　頔	初中一年级	杨立宏 马玉芳	社会调查
33	不同页面施肥方案对太空番茄生长影响的初步探究	汪韵扬	初中一年级	高　颖	科学探究
34	北京大气细颗粒物（$PM_{2.5}$）中重金属浓度分布规律与汽车尾气排放关系的研究	陈明昊	初中三年级	张　亚 卓小利 黎　刚	科学探究
35	北京城区微型湖心岛鸳鸯种群调查及巢内孵化行为观察	唐近豪	初中二年级	岳　颖 卓小利	科学探究
36	北极某湖泊沉积物粒度及稀土元素特征研究	李嘉赫	初中二年级	焦鹏伟 陈　浣 马云梦	科学探究
37	居民对生活饮用水水质认知及其行为的调查研究	张奕朗	初中一年级	闫莹莹 田春华	社会调查

序号	项目名称	作者	年级	指导教师	项目方向
38	北京地区喜鹊惊飞距离及其影响因素的探究	关佳欣 关佳晴	初中三年级	张　亚 田春华	科学探究
39	汽车空调净化装置研究	章怀文 蒋林翰 夏瑄泽	初中一年级	潘之浩 窦洛海	创新发明
40	智能地砖——以交通道路指示标为例	陈稼霖	初中二年级	翟　琨 杨海燕	创新发明
41	自来水龙头附加节水装置（洗涤）	王鑫荣	初中三年级	滕保华 陈宏程	创新发明
42	巴蜀地区蕨类植物多样性调查及分析	包尔康 韩　萱 陈　昭	初中三年级	岳　蕾 周亚楠	科学探究
43	北极局部地区废矿坑中重金属含量相关性分析研究	雷卓凡	初中二年级	丁小凡 马　栋 丁　琛	科学探究
44	中学校园食物浪费现象及主要因素探究	李欣然	高中二年级	胡红信	社会调查
45	植物枝干渗流的初步探究	黄若凝	高中二年级	康　帅 王宏博 黄　振	科学探究
2018年					
1	平菇菌糠对土壤中两种有机磷农药含量的影响研究	彭一诺	小学六年级	任　辉 刘月华	科学探究
2	北极植物株高调查及其对生存意义的分析	钱箴宜 魏萱婷	小学五年级	李　颖 赵　琦 杜　芹	科学探究
3	北极地区地衣的抗菌性能研究	胡　榕	小学六年级	王丽萍 丁　琛	科学探究
4	北极苔藓生长密度影响因素浅析	陈泳俊 陈泳博	小学五年级	姜　珊 姚轶锋 杜　芹	科学探究
5	家庭小卫士漏水报警器	王梓铭	小学六年级	杨融冰	创新发明
6	南极半岛海面浮冰中温室气体对海水酸碱度影响的研究	孙浩桐	小学六年级	张庆华 傅建捷 甄　奕	科学探究

序号	项目名称	作者	年级	指导教师	项目方向
7	关于用海藻酸钠涂膜延长鸡蛋保质期的研究	任奕承	小学五年级	甄　奕	科学探究
8	居室内空调出风方向和制冷效果的关系研究	杨颢轩 吕天耕	小学五年级	樊　晨 云　松	科学探究
9	北京西城区常见野生蜗牛的观察报告	向诺雨	小学四年级	甄　奕	科学探究
10	关于浅根系行道树对西城区德胜街道路面破坏的调查研究	刘容均	小学五年级	甄　奕 闫莹莹	社会调查
11	对手机回收影响因素的研究	潘嘉阳	小学五年级	甄　奕	社会调查
12	玻璃森林里，您被射到了吗？——基于北京及周边地区的城市玻璃幕墙反射光污染问题研究	马正元	小学三年级	甄　奕 刘浩然	科学探究
13	北极斯瓦尔巴德群岛摩纳哥冰川海域微生物多样性初探	贾蕊嘉	小学五年级	孙育清	科学探究
14	微型阳台生态循环箱的设计与实现	齐紫衡 林晓源	小学五年级	兰名荥 高　立 梁　潆	创新发明
15	太阳能的利用——操场温水洗手器	郝悦凯 陶乐铭 邵浥尘	小学四年级	尹立兵	创意设计
16	通过记录学校用电情况调查影响用电量的主要因素	刘星宇 徐柳馨	小学四年级	严美鹏	社会调查
17	研究水如何从植物的根部移动到植物的叶子上	张左宜 张景仁 欧阳非	小学三年级	ADIEL A HENDRICKS	科学探究
18	DIY 自动浇花机	张德昀 张洛铭	小学五年级	刘俊红	创意设计
19	研究使用厨余环保酵素对三种太空植物生长的影响	智泽玥 万一非	小学六年级	江　祎	科学探究
20	三种环保酵素对一种太空植物生长的影响研究	张馨予 王　尧 宋子游	小学六年级	江　祎	科学探究
21	北京市屋顶绿化在冬季减少扬尘的实践研究	王珺璠 刘仲瑜 杜依漪	小学六年级	任立鹏	科学探究

序号	项目名称	作者	年级	指导教师	项目方向
22	自制杨柳木粉吸附剂有效吸附饮用水中的重金属离子	孙伯旸	小学六年级	王天才 夏卫滨	创新发明
23	北京市不同类型水体的细菌学、生化分析与应用	闫　格 林陈辰 黄玉祥	小学六年级	黄金慧 郑　欣	科学探究
24	如何减少及利用杨柳絮的调查研究	马宇睿	小学六年级	李宝瑜	社会调查
25	北京市入侵树种火炬树抑菌能力初步分析	雷　扬	小学六年级	邓翼涛 代立超	科学探究
26	北极斯瓦尔巴德群岛鸟类栖息地鸟悬崖生境特征研究	赵紫宸	小学六年级	刘　婕	科学探究
27	太空长春花种植过程研究	邵陈浦茵	小学六年级	于　青 项　彤	科学探究
28	二十四节气与太空种子室外种植的研究（以北京地区为例）	黄子煖	小学四年级	刘　婕 项　彤	科学探究
29	新型环保牙膏设计	陈轩逸	小学三年级	范　彬 罗娟辉 吴金燕	创新发明
30	市售消毒湿巾对环境细菌的杀灭效果的研究	王昕然	小学六年级	孟庆堃	科学探究
31	北京市通州区部分黑臭水体治理现状调查及建议	余訸昕 刘慷然 左与非	小学六年级	王　昕 冯鸿君	社会调查
32	家用空调环保变形记——家用空调改造以提高环保性的研究	刘昶黎	小学六年级	王　喆	科学探究
33	内蒙古乌海东兴矿区植被恢复情况调查与栽种研究	刘锦洋	小学六年级	李　雪	科学探究
34	关于儿童图书绿色环保印刷现状及公众认知度的调查与研究	万嘉木	小学四年级	侯　越	社会调查
35	解决居民区附近娱乐噪声污染问题的研究	郝予轩 郝予涵	小学三年级	侯　越	社会调查
36	关于增加人工燕巢提升后海地区家燕生存环境的研究	白峻豪	小学三年级	侯　越	社会调查
37	南极部分岛屿中基性火山岩地球化学特征及构造意义	任书颐	小学六年级	闫　鸣	科学探究
38	日落乌啼——北京城区万寿路段乌鸦群落栖宿行为生态观察	孟思源	小学六年级	陈　杰 李　雪	科学探究

序号	项目名称	作者	年级	指导教师	项目方向
39	鳞翅目昆虫体色对鸟类取食行为影响的研究	陈欣阅 孙卿奥	小学 五年级	岳　颖	科学探究
40	北京大兴南海子公园长耳鸮越冬期食性分析	李狄蔓	小学 六年级	岳　颖	科学探究
41	网上捕鸟器材销售与实体店野鸟交易情况的调查研究	江旭昊	小学 五年级	岳　颖	社会调查
42	关于快递包装如何处理的调查研究	雷鹏嘉 雷馨嘉	小学 五年级	毛培培	社会调查
43	黄粉虫幼虫对聚乙丙烯类塑料废物生物降解的研究	朱振宇	小学 四年级	张一晨 段思洋	科学探究
44	复合活性菌处理植物性厨余垃圾	陈　超	小学 六年级	赵婷婷 张一晨	科学探究
45	北京市居民稠密区种植法国梧桐的调查	吕恩宇	小学 六年级	张一晨 段思洋	社会调查
46	关于富氢水为怕冷植物穿上“保暖服”的研究	侯辰阳 徐艺珊	小学 五年级	杨　琳 许　刚	科学探究
47	零污染节能发电照明灯	罗　睿	小学 五年级	杨晓娟	创新发明
48	小学生的个性化饮料瓶回收装置	相坤宏	小学 五年级	恽竹恬	创新发明
49	可食性壳聚糖膜的制备与应用	郭可欣	初中 三年级	杨海燕 杜春燕	科学探究
50	菠萝食用方法对其菠萝蛋白酶含量的影响探究	刘昱泽	初中 二年级	杜春燕 赵　溪 詹争艳	科学探究
51	北京寺庙燃香空气污染研究	王若兮	初中 二年级	刘红英	社会调查
52	北极斯瓦尔巴德群岛煤矿资源开发及生态环境污染研究	黄子熙	初中 二年级	马　栋 焦文涛 卓小利	科学探究
53	北京城区北京雨燕筑巢行为研究	任　航	初中 三年级	卓小利 彭　鹏 张英飞	科学探究
54	北京地区蟪蛄与鸣鸣蝉生活习性和形态特征与蝉鸣比较分析	王晨潇	初中 三年级	张　帆 张英飞 卓小利	科学探究

序号	项目名称	作者	年级	指导教师	项目方向
55	废旧LED灯带改造制作家庭卫生间节电长明灯	金亚诺	初中三年级	张英飞	创意设计
56	将生活废旧塑料袋压缩成块促进分类回收措施研究	陈怿恺 马子岳	初三 初二	毕　欣 王　也 肖　堃	社会调查
57	鸟类义肢设计	段佳楠	初中二年级	岳　颖 王　也	创意设计
58	北京七种常见蜜蜂口器结构与采蜜方式的探究	王清石	初中二年级	陈宏程 乔文军 金红铃	科学探究
59	雾灵山北麓头道河水质检测报告	郭润松 赵承烨 李善珽	初中二年级	林彦杰 田　宇	科学探究
60	对花伴侣识别花卉植物的准确性的调查性研究	李胤宣 郑博宇	初中二年级	田春华	科学探究
61	北极斯瓦尔巴德群岛和南极乔治王岛抗辐射微生物的筛选及鉴定	汪铠闻 于复昕	初中一年级	赵　溪	科学探究
62	惊飞距离——北京公园鸟类对衣服颜色的适应性研究	郑昊然	初中三年级	张俊菊 王　也	科学探究
63	北京四合院建筑内部风环境及其影响因素的实验研究	马可遇 杜欣恬	初中一年级	杨海燕	科学探究
64	地铁车站通风空调系统节能解决方案研究	张佳鑫	高中二年级	常　晟 邵嘉兴 石　林	科学探究
65	北京市几种主要道旁绿化植物的滞尘与抗污染能力	张宇臻	高中二年级	王冰冰 黄永梅	科学探究
66	关于有效降低汽车车内温度方法的探讨研究	兰尧丰	高中二年级	顾　晨 王文智	科学探究
67	我国环境污染治理投资对于经济增长的影响机制分析——基于面板门槛模型	沙之洲	高中二年级	高　凯	科学探究
68	对青藏高原东部祁连湿地草原与大马营草原植被调查对比分析与保护建议	李英楠	高中二年级	雷　明 高　露 马丽娜	科学探究
69	我国濒危硬骨鱼类空间分布及其保护区空缺分析	樊溶溶	高中二年级	姚锦仙 孔丽燕 陈航通	科学探究

序号	项目名称	作者	年级	指导教师	项目方向
70	下水管道堵塞治理研究——可移动的下水管道机器人	张霂珺	高中二年级	孔丽燕 黄　振 高　增	创新发明
71	利用土壤地表热开发“土空调”的创意设计	陶　孜	高中二年级	仲国虎 刘　波	创意设计
72	基于可再生能源的无人值守环境监测移动机器人	陈宣烨	高中二年级	恽竹恬 袁梦晨	创新发明

“小院士”课题评选丛书已出版图书：

《北京市少年科学院“小院士”课题评选 教师指导手册》

（2015 年，主编：闫莹莹，副主编：甄奕）

《北京市少年科学院“小院士”课题评选 学生实践手册》

（2017 年，主编：甄奕，副主编：闫莹莹）

《北京市少年科学院“小院士”课题评选 北京第二实验小学项目分册》

（2017 年，甄奕 闫莹莹/主编）

《北京市少年科学院“小院士”课题评选 细节定成败》

（2018 年，赵溪/主编）

《“小院士”成长札记，2018》

（2019 年，甄奕 闫莹莹/主编）